W0364646

Philip Kovce

Ich schaue in die Welt

Einsichten
und Aussichten

VERLAG AM GOETHEANUM

www.goetheanum-verlag.ch
© 2020 by Verlag am Goetheanum, CH–4143 Dornach
Alle Rechte vorbehalten
Der Abdruck erfolgt mit freundlicher Genehmigung
der Wochenschrift Das Goetheanum
Umschlag: Philipp Tok, Sætzerei, CH–4143 Dornach
Satz: Wolfram Schildt, Berlin
Druck und Bindung: Majuskel Medienproduktion, Wetzlar
ISBN 978-3-7235-1653-9

für Julia Sophia,
Teil des «nicht existierenden
und existenziellen Verlags»

Inhalt

«Ohne je eine Meinung zu ‹Kindern› im Allgemeinen gehabt zu haben, glaubte er eben an dieses bestimmte Kind. Er war überzeugt, dass das Kind da ein großes Gesetz verkörperte, welches er selber entweder vergessen oder nie gehabt hatte. War es ihm denn nicht im ersten Moment schon erschienen als sein persönlicher Lehrherr? Nicht erst irgendwelchen besonderen Äußerungen aus ‹Kindermund› also glaubte er, sondern seinem bloßen Vorhandensein: dem Menschenwesen, das war, das es war.»

Peter Handke: ***Kindergeschichte*** [1]

Statt eines Vorworts: Flamme empor

Bücher gehören nicht gelesen, sondern verbrannt. Es gilt, sie mit dem Feuer des Geistes zu entzünden, damit sie nicht länger bleiben, was sie sind: bedrucktes Papier. Die Frage, die sich daran anschließt, lautet: Wie verbrennt man Bücher richtig – also so, dass sie in Flammen auf-, nicht untergehen?

Seit Bücher geschrieben werden, werden sie verbrannt: Ovid und Dante, Erasmus und Luther, Voltaire und Rousseau, Brecht, Heine und Hemingway – ihrer aller Werke landeten früher oder später auf dem Scheiterhaufen. In anderen Fällen die Autoren ebenso. Doch auf dem Scheiterhaufen scheitert, was seinen Scheitelpunkt woanders hat: das Emporerkennen, das Emporverbrennen.

«Mit solchen Methoden», schreibt Erich Kästner anlässlich der NS-Bücherverbrennung 1933, «kann man zwar ein Volk vernichten, Bücher aber nicht. Sie sterben nur eines natürlichen Todes. Sie sterben, wenn ihre Zeit erfüllt ist. Man kann von ihrem Lebensfaden nicht eine Minute abschneiden, abreißen oder absengen. Bücher, das wissen wir nun, kann man nicht verbrennen.»[2]

Wahrlich, so ist es, die Geschichte zeigt es: Bücher kann man nicht verbrennen. Doch genau das muss man tun, sollen sie eines anderen natürlichen Todes sterben als den des Vergessens. Die Zeit eines Buches erfüllt sich, wenn es wieder wird, was es einmal gewesen ist: Feuer, Flamme, Funke – Geistesblitz.

Mit Büchern ist nur voranzukommen, werden sie zurückgelassen. Dem Ballast des Buches, seiner buchstäblichen Schwere, entkommt, wer sich davon befreit. Das Buch beschwert, der Brand erleichtert. Er lüftet den papiernen Schleier, lichtet das Dunkel, lindert die Kälte.

Pyrotechniker der Literatur zu werden, heißt aufzuhören, *page-turner* der Literatur zu sein. Ein Buch ruft auf zur Umwendung der Seele – nicht bloß zum Umblättern der Seiten. Der Baum, der Blatt wird, will als Baum der Erkenntnis wiederauferstehen – aus Flammen, die ihn nicht verzehren, sondern neu gebären.

«Der neue Judas», schreibt Kästner angesichts des Literaturmassakers 1933, «hatte etwas Unmögliches zuwege gebracht: Er hatte, vor den Augen der Menge und der ausgesandten Häscher, sich selbst geküsst.»[3] Es waren überwiegend Studenten, die mit der literarischen Feuerbestattung letztlich nicht die indizierten Titel, sondern vor allem sich selbst zu Grabe trugen. Ihr Mord war Selbstmord, ihr Bücherverbrennen Selbstverkennen.

Der Schluss eines Buches ist immer sein Beginn. Er liegt nicht auf dem Scheiterhaufen. Er steht zwischen den Zeilen. Ein Buch, das Mund wird, Augen, die Ohr werden – sie helfen, das Rätsel zu lösen, das durch Autor, Buch und Leser in die Welt, zur Sprache kommt.

Die Schrift, die sich erfüllt, erfüllt sich mit Leben. Der natürliche Tod eines Buches jenseits des Vergessens ist sein Leben. Sein Wiederaufleben. Es ist das Leben eines Phönix', der aus der Asche des Erkenntnisfeuers wiederaufersteht. Seien wir nicht länger Leser, seien wir Brandstifter: *spiritus lector*.

Glücksfall. Gedanken aus Polen

Ich schaue in die Welt – und Rätsel schauen zurück. So ist es auch in Warschau, unterwegs mit einer Berliner Studiengruppe, zu Besuch im Präsidentenpalast, im Senat, beim deutschen Botschafter. Immer wieder fällt dabei ein Wort: offiziell. Wir haben dieses und jenes nun ‹offiziell› erreicht; dieses und jenes ist ‹offiziell› nicht unsere Aufgabe; ‹offiziell› dürfen wir ihnen dieses und jenes nicht sagen. Was hat es mit dem Offiziellen auf sich, das so ertönt?

Die Welt weiß Rat: Ich stehe vor dem Ehrenmal der Helden des Warschauer Ghettos. Ich stehe voller Scham und Trotz genau dort, wo 1970 ein deutscher Kanzler in die Knie ging – als Akt der Aufrichtigkeit. Willy Brandts Kniefall war alles andere als offiziell, doch er ist es gewesen, der wirkte. Kaum jemand erinnert sich an das Dokument, das unmittelbar danach unterzeichnet wurde, an den *Vertrag zwischen der Bundesrepublik Deutschland und der Volksrepublik Polen über die Grundlagen der Normalisierung ihrer gegenseitigen Beziehungen*. Fast jeder erinnert sich an Willy Brandt, der – wie spontan auch immer – eine Beziehungstat begangen und so erst zum Leben erweckt hatte, wovon offiziell die Rede war. Das heißt: Das Offizielle ist nicht das Eigentliche; es folgt, will es wirklich sein, dem Eigentlichen nach – als eine Art symbolischer Handlung zweiter Ordnung.

Derart sinnend, entdecke ich unweit des Ehrenmals ein Denkmal, das an ein Ereignis vor dem Ehrenmal erinnert: an Willy Brandts Kniefall. Später, in der Stadt, als ich einen Polen auf Englisch um Rat frage, erwidert er: «Sprechen Sie doch Deutsch, wir sind hier schließlich in Mitteleuropa!» Ich schmunzle, stehe Rede und Antwort, und bemerke: Das ist er – der zwischenmenschliche Glücksfall der Gastfreundschaft.

Lebensraum. Gedanken aus Griechenland

«Nächster Halt: Olympiastadion.» So verspricht es die Stimme in der athenischen Metro, die mich im Sommer 2014 ins Zentrum der Sommerspiele 2004 befördert. Es ist nur eine verhältnismäßig kurze Zeitreise. Und doch gleicht sie einer Reise zum Mond. Denn so verlassen und leer wie er liegt sie da, diese riesige Betonwüste – nicht selbst leuchtend, sondern die sengende Sonne bloß blassgrau spiegelnd.

Die Schilder, die einst den Weg zu den Sportstätten wiesen, sind mit Werbebannern überklebt; der Kabelsalat der Sicherheitskameras wurzelt ausschließlich im Nichts; durch die Lautsprecher säuselt sachte der Sommerwind; in den Springbrunnenbecken gewinnt langsam, aber sicher Gestrüpp die Oberhand; die Stahlbögen, die das Areal zieren, rosten ebenso vor sich hin wie die Fassaden des Velodroms, des Aquatic Centers und der Spyridon-Louis-Arena. Doch halt, etwas bewegt sich! Eine Putzfrau, Kram unter dem einen, Kind unter dem anderen Arm, schließt die Tore auf – auf ins Olympiastadion: 70 000 Sitze versammelt um ein erloschenes olympisches Feuer, dessen Fackel wie ein kopfstehender Füllfederhalter gen Himmel ragt.

Zehn Jahre sind inzwischen vergangen, doch vom modernen Olympia zeugen schon jetzt nur noch Rostruinen. Überhaupt ist es so im heutigen Athen: Wunderschöne Gebäude verfallen leerstehend – vor ihnen sitzen die Sozialgefallenen, sinnentleert; vielen Lebenden fehlt es an Häusern – vielen Häusern fehlt es an Leben. Wie tragisch, wie komisch, in Griechenland just auf diese Weise daran erinnert zu werden, dass jede Theorie des Raumes eine Theorie des Lebensraumes, des Lebensweltenraumes sein muss – ansonsten verkommt der Raum zum olympischen Todesstreifen und die Erde wird, anstatt zur Sonne, zum Mond.

Das Arbeitstier ist ein *zoon politikon.* Mit ihm wird Politik gemacht. Ob in Brüssel oder Straßburg: dort, wo die EU-Institutionen sitzen, ist das Arbeitstier nicht weit. Je nachdem, worum es geht, wird damit gedroht, das Fabelwesen auszurotten – also Arbeitsplätze zu vernichten –, oder es wird gelobt, ihm mehr Platz – soll heißen: mehr Arbeitsplätze – zu schaffen.

Kurzum: Am Arbeitstier scheiden sich die Geister. Es gleicht einem Chamäleon, das sich seiner Umgebung anpasst und notgedrungen für jeden Partei ergreift, der es in seinen Dienst zu nehmen weiß. Das Fatale dabei: Jeder, der das Arbeitstier in seinen Dienst nimmt, ist eigentlich ein Tierquäler. Denn das Arbeitstier missbilligt Fremdbestimmung. Es ist ein soziales Wesen, ja. Aber selbst-, nicht fremdbestimmt sozial. Es sucht die Gemeinschaft mit anderen Artgenossen am liebsten auf, wenn es seiner Freiheit nicht beraubt wird. Dass mit dem Arbeitstier Politik – ja, sogar Wahlkampf – gemacht wird, ist also grober Unfug.

Wie konnte es nur so weit kommen? Das Arbeitstier, so der Grundgedanke, sei die bessere Hälfte des schlechten Menschen. Also sei es die vornehmste politische Pflicht, das Gute des Schlechten zu fördern und zu fordern: nicht das Faultier, sondern das Arbeitstier. Tue man dies, so werde das Arbeitstier schon dafür sorgen, dass das Faultier keinen Schaden anrichtet. So weit der Grundgedanke. Doch was passiert? Das Arbeitstier, derart dressiert, fault vor sich hin und wütet vor sich her. Deshalb meine Forderung: Stoppen wir die Tierquälerei! Lassen wir das Arbeitstier frei. Das Arbeitstier will Mensch werden.

Interindividualismus oder: Das Licht zwischen uns

Denke ich an das Individuum, so denke ich an sein Gegenüber. Viele Denker, die an das Individuum denken, denken dabei an sich – und keineswegs an einen anderen neben sich, geschweige denn an einen anderen, durch den sie erst jene individuelle Gestalt werden, für die sie sich selbst halten. Wie es um die Individualität des Individuums bestellt ist, erkennt man also – kurz gesagt – daran, wie es die Begegnung mit einem anderen Individuum begreift: ob es dieses dem Joch eigener Interessen unterwirft oder als Befreier seiner selbst begrüßt.

Im Handeln werden noch die überzeugtesten Individualisten zu Terroristen: Wenn der andere nur so existieren darf, wie es mir passt, dann werde ich alles daransetzen – ob mit subtilen Mitteln oder handfester Gewalt –, ihn mir passend zu machen, ihn mir anzupassen; ihn also zu negieren als denjenigen, der er, würde ich es mit meinem Individualismus wirklich ernst nehmen, selbstverständlich ist: ein selbständiges Individuum. Dumm nur, dass die sozialblinden Individualitätsfanatiker nicht nur den anderen, sondern gleichermaßen sich selbst erledigen: Das Individuum, das nur in seiner Entäußerung (Diktatur), nicht in einer Verinnerlichung (Dialog) besteht, bringt sich letztlich um jede Entwicklungs-, ja Existenzmöglichkeit.

Jene Kultur, die dieses ernst nähme, hörte weniger auf das Schlagwort Individualismus als auf eine Praxis, die das soziale Leben als das Leben des Ich begreift; die also individuelle Aktion und soziale Situation zusammendenkt: den Interindividualismus. Gelingt es, mich im Lichte des anderen, ja, ihn als mein und mich als sein Licht zu sehen, leuchtet eine Zukunft auf, in der wir uns die Freiheit nicht gegenseitig rauben, sondern wechselseitig schenken.

Königsnarren. Tragik und Komik der Herrschaft

EPIPHANIAS IST DIE ZEIT der Könige. Königsbewusstsein ist Selbstbewusstsein. Ohne Bewusstsein seines Königtums gibt es keinen König. Der König beherrscht sich selbst – und andere. Er weiß um seine Aufgabe – und um die der anderen. Das ist seine Größe und zugleich seine Tragik. Denn die anderen, denen er König ist, geraten ihm aus dem Blick. Sie sind zwar in seinem Selbstbewusstsein präsent, aber nur als Untertanen, als Kinder des Königs, nicht als Königskinder, als Freie.

Der selbstbewusste König, der um diese Konstellation weiß und ihre Tragik erkennt, nennt eine besondere Gestalt seinen Freund und Helfer: den Narren. Der Hofnarr ist das Auge des Königs, auf dem er blind ist. Der Hofnarr spiegelt dem König seine Wirkung auf andere – er spiegelt ihm ihn selbst. Sein Mittel: der Humor. Er lässt es dem König offen, den Witz zu deuten, seine Andeutungen zu verstehen. Allein diese Offenheit ist die Verbindlichkeit zwischen Narr und König. Sie schulden einander nichts. Sie schenken einander Tragik und Komik. Der Witz ist die Wahrheit, die sich selbst zurücknimmt, um angenommen werden zu können.

Der König, der seinen Narren umbringt, sticht sich ein Auge aus. Er verliert sich selbst aus dem Blick – und den Blick für andere. Der tote Narr ist kein Spiegel des Königs, sondern sein Zerrbild. Er ist das Missverständnis der Herrschaft schlechthin. Er ist das verlorene Bewusstsein für die Welt – selbstverliebter Königshass. Königsliebe als Weltliebe ist Narrenliebe als Nächstenliebe. Das Königtum der Zukunft baut auf Nächstenliebe, auf Königsnarren. Wenn jeder sein eigener Narr ist, kann jeder der König der anderen sein.

Thesen über Thesen. Sieben Sentenzen

THESEN WERDEN AUFGESTELLT und wieder verworfen. So schult sich das Denken. Gedanken über das Wesen der Thesen – in Thesen. 27

1. Was alle wissen, ist keine These. Was keiner weiß, auch nicht. Eine These ist das elegante Spiel, das das Nicht-Selbstverständliche selbstverständlich und das Selbstverständliche nicht-selbstverständlich erscheinen lässt.

2. Eine These sucht den Punkt, nicht das Fragezeichen. Sie ist keine Frage, die nach Antworten verlangt, sondern eine Antwort, die Fragen nach sich zieht.

3. Thesen sind nur dann treffend, wenn sie treffend formuliert sind. Ihre Brisanz tritt offen zutage – oder gar nicht.

4. Thesen sind wie das Spiel mit dem Feuer: Wer es nicht beherrscht, verbrennt sich oder tappt im Dunkeln. Wer sich darauf versteht, erleuchtet die Welt.

5. Thesen sind die natürlichen Feinde der Zurückhaltung. Sie sind nicht schüchtern. Eine schüchterne These wurde noch nicht gesichtet. Sie gliche schwarzen Schwänen.

6. Wer ihr Selbstbewusstsein als Populismus auslegt, tut der These unrecht. Nichts ist sie weniger als populistisch. Sie richtet sich nicht nach der herrschenden Meinung – sie richtet die herrschende Meinung. Das ist der Grund, der ihr Gehör verschafft.

7. Der Verlegenheit des Anfangs kommt die These zuvor. Sie ist es, die das Schweigen bricht – die beim Flirt mit der Wahrheit zuerst den Mund aufmacht. Auf dass sich daraus ein wahres Gespräch ergibt!

Selbstgespräch. Ein Widerspruch

JÜNGST VERÖFFENTLICHTE Philip Kovce sieben Sentenzen «über das Wesen der Thesen» – in der Hoffnung, dass sich daraus «ein wahres Gespräch ergibt».[4] Gerne nehme ich die Einladung des Autors an – und widerspreche ihm. Denn was er schreibt, trifft nicht den Nagel auf den Kopf – sondern den Daumen. Aua!

Kovce meint, Thesen würden «aufgestellt und wieder verworfen. So schult sich das Denken.» Weiter heißt es: Thesen seien ein «Spiel mit dem Feuer», die «natürlichen Feinde der Zurückhaltung» sowie diejenigen, die «beim Flirt mit der Wahrheit zuerst den Mund aufmachen». Dumm nur, dass steile Thesen die Wahrheit gar nicht kennenlernen, sondern in Besitz nehmen wollen. Sie wollen sich selbst Gehör verschaffen, anstatt der Wahrheit zuzuhören. Sie schulen nicht das Denken, sie verschulden vorschnelle Vorurteile. Das ist keine Seltenheit – wir leben dieser Tage in Hochzeiten des Thesenunwesens. Umso dringender bedarf es der Anti-Thesen-Tugenden wie aufgeklärtes Abwarten, besonnenes Beobachten, zielbewusstes Zurückhalten. Auf diese Weise bildet sich in der Herzkammer des Denkens ein Urteil, das Schritt für Schritt den Dingen auf den Grund geht. Eine solche behutsame Urteilsbildung lässt die Phänomene leuchten, anstatt sie im Thesenfeuer zu verheizen.

30 Unzählige wissenschaftliche Irrwege entstehen durch falsche Thesen. Sie zu widerlegen, verhindert andere Forschung. Stoppen wir also den Thesenterror! Verzichten wir auf die Alleingänge der voreiligen Vernunft zugunsten einer dialogischen Kultur, die jeden Forscher selbst widersprüchliche Gesichtspunkte zu vereinen lehrt. Es wäre die Wiedergeburt der Wissenschaft aus dem Geiste des Selbstgesprächs.

Vor der Freiheit. Eine unendliche Geschichte

Ein Mann, nachdem er lange gewartet hatte, wurde zu seinem Ratgeber vorgelassen. «Ich bin krank», sagte der Mann. «Das sehe ich nicht», sagte der Ratgeber, während er ihn musterte. «Ich bin nicht frei», sagte der Mann. «Das sehe ich auch nicht», sagte der Ratgeber, der es für besonders frei hielt, dass der Mann ihn aufgesucht hatte. «Was also raten Sie mir?» – «Ich rate Ihnen, zu gehen.» – «Und wohin?» – «Ihres Weges.» – «Ich gehe», sagte der Mann, und begann das Warten erneut.

Gutdünkler. Über Falschheit

Wer kennt sie nicht, die falschen Freunde? So nennen Linguisten Wörter, die in zwei Sprachen gleichklingen, jedoch Verschiedenes bedeuten. Wer auf Deutsch ‹Gift› sagt, der sagt auf Englisch ‹Geschenk›. Auch Medizinern fällt zu falschen Freunden etwas ein: nämlich der ungewollte Abgang von Stuhl bei Blähungen. Und was heißt es, tatsächlich falschen Freunden ausgesetzt zu sein? Es heißt, nicht geachtet, sondern benutzt zu werden; einer Anerkennung gewiss zu sein, die nichts als gewissem Kalkül entspringt. Während der wahre Freund leuchtet, blendet der falsche. So weit, so unfreundlich.

Als weniger bedacht, aber deutlich brisanter erweist sich dieser Tage das Phänomen der falschen Feinde. «Der Feind ist unsre eigne Frage als Gestalt.»[5] Dieser Vers Theodor Däublers zeugt von der ungeheuren Dialektik, die hier vorliegt. Der Feind verkörpert meine Frage; er stellt sie mir leibhaftig vor mich hin. Er erscheint – so Jacques Derrida – «in dem Augenblick, da man an die eigene Grenze rührt, an sich selbst oder den Doppelgänger, den Zwilling, an jenen absoluten Feind, der stets wieder in den Zügen des Bruders begegnet».[6] Was heißt das? Es heißt, dass ich den Feind mit meiner Frage wähle. Falsche Feinde sind wie falsche Fragen, die mich von wahren Aufgaben abhalten. Falsche Feinde streuen Sand in meine Augen und machen mich glauben, der Sand sei das Problem.

Kurz, kürzer, Kafka: «Böse ist, was ablenkt.»[7] Kafka II: «Vom wahren Gegner fährt grenzenloser Mut in Dich.»[8] Falsche Freunde, falsche Feinde, sie sind die großen Gutdünkler, die Blender und Verdunkler, die ablenken, verführen und entmutigen. Was fehlt, die Falschheit zu verlieren? Eine gute Frage!

Individualitätsfeier. Geburtstagsgedanken

Wenn Kinder Geburtstag feiern, wachsen sie mit dem Ereignis. Es lässt sie größer werden und individualisiert sie. Das Datum, das sich jährt, erzeugt eine Kraft, die sie zu sich selbst führt. Wer als Erwachsener seinen Geburtstag noch wie einen Kindergeburtstag feiert, der zelebriert eine Verlegenheit. Er feiert ein Datum, ohne die geänderten Rahmenbedingungen der Feierlichkeit zu bedenken. Denn zu feiern ist – eben: ein Geburtstag. Doch dieser findet als Erwachsener nur mehr statt, wenn man etwas gebiert – eine Tat, eine Erkenntnis –, wenn man für sich und die Welt etwas erringt – ein Ereignis, das sich jedem Kalendarium entzieht. Geburtstag ist als Erwachsener nicht der Tag, an dem ich zur Welt gekommen bin, sondern jeder Tag, an dem ich auf der Welt zu mir selbst komme.

Wie also erwachsen mit den Geburtstagen umgehen, die einen alljährlich ereilen? Der Kulturwissenschaftler Karl-Martin Dietz empfing anlässlich seines 70. Geburtstags 2015 rund 100 Weggefährten im Heidelberger Palais Prinz Carl. Dort gab es weder Torten noch Luftballons, sondern einen Thementag. Thema: Individualität. Die Heilpädagogen Johannes Denger und Henning Köhler sowie der Unternehmer Götz W. Werner und der Politiker Gerald Häfner trugen vor, außerdem wurde Dietz von den Herausgebern Peter Dellbrügger, Thomas Kracht, Jürgen Paul und Rudy Vandercruysse eine Festschrift überreicht, die sein Leben im Leben anderer spiegelt.[9]

Wie belebe ich andere? Wie beleben mich andere? Wer sich diese Fragen stellt, der findet Wege, Geburtstage als Erwachsener nicht als Infantilitätsfolklore, sondern als Individualitätsfeier zu begehen, die der Kraft eines Kindergeburtstags in nichts nachsteht.

Mein Gehirn sagt mir nichts. Eine Aussprache

Seit einigen Jahren beobachte ich alle Wochen wieder das Gleiche: Eine Berufsgruppe, wichtig, aber im gesellschaftlichen Diskurs gefühlt unterrepräsentiert, plakatiert die Republik mit ihrer Wir-sind-wichtig-und-sollten-bitte-wertgeschätzt-werden-Werbung. Danke. Ihre Ärzte. Ihre Handwerker. Ihre Hebammen. Ihre Lehrer. Ihre Werber.

Während sich die Berufsgruppen mit ihren Aufmerksamkeitskampagnen gegenseitig ablösen, ist ein Organ nicht aus den Schlagzeilen zu verdrängen: das Gehirn. Es wäre sicher spannend, wenn uns auch die Hand- und Fußforscher, die Magen- und Darmexperten, die Herz- und Nierenwissenschaftler etwas von den Vorzügen ihrer Organe zu berichten wüssten. Doch statt leibhaftiger Vielfalt ist in Sachen Organe fast immer nur vom Gehirn die Rede. In Sachen organischer Aufmerksamkeitsökonomie herrscht eindeutig ein Hirnmonopol.

Anders gesagt: Wir leben im zerebralen Zeitalter. Das Gehirn hält scheinbar alle Fäden in der Hand. Darüber, wie locker oder fest es diese oder jene Fäden in der Hand hält, streiten sich die Gehirngelehrten. Aber dass es grundsätzlich das Gehirn sei, welches uns zu Erkenntnissen über Freud und Leid, Lust und Frust, Freiheit und Unfreiheit führe, daran bestehen kaum Zweifel.

Abgesehen davon, dass diese Hirnfixierung eine handfeste Organdiskriminierung darstellt (nämlich eine Diskriminierung all der anderen Organe, denen ich mein leibhaftiges Dasein verdanke), führt sie in Bezug auf die großen Fragen des Lebens zu eigentümlichen Verrenkungen. Sie führt – grob gesagt – dazu, dass intelligente Wissenschaftler zu dummen Besserwissern und aufgeklärte Bürger zu leichtgläubigen Hirnhörigen verkommen.

Damit wir uns nicht falsch verstehen: Ich habe nichts gegen das Gehirn. Im Gegenteil: Ich finde es tragisch, dass das Gehirn ausgerechnet von Hirnforschern missbraucht wird, indem sie es für lauter Dinge argumentativ in Beschlag nehmen, die man sich heute nicht mehr ‹hirnlos› zu sagen getraut. Wir glauben, lieben, hoffen nicht mehr – das alles tut inzwischen das Gehirn für uns. Wir stehlen uns aus der Verantwortung, indem wir sie dem Gehirn in die Schuhe – die es gar nicht trägt – schieben.

Besonders ärgerlich ist in dieser Hinsicht der zerebrale Humanismus, der zunehmend an Fahrt gewinnt. Waren es früher ‹böse› Thesen – etwa dass der Mensch unfrei, das Ich illusionär und die Liebe eingebildet sei –, welche Hirnforscher auf die Zeitungstitelseiten und in die Talkshowsessel hievten, so genießen heute vor allem jene Forscher Aufmerksamkeit, die uns Freiheit, Ich und Liebe hirnverbürgt zurückgewinnen wollen. Freiheit, Ich und Liebe, heißt es, stünden gar nicht im Widerspruch zum ‹guten› Gehirn, das sie uns vielmehr garantiere.

Nachdem uns die ‹bösen› Naturalisten mit dem Gehirn den Geist austreiben wollten, fallen wir nun auf die ‹guten› Naturalisten herein, die uns mit dem Gehirn den Geist eintrichtern wollen. Dabei geht völlig unter, dass nicht das Gehirn mir meine Freiheit, sondern dass ich selbst mir meine Freiheit und mein Gehirn erklären muss. Ohne mich wäre mein Gehirn ziemlich aufgeschmissen! Es ist auf mich angewiesen. Wer das Gehirn fokussiert, etwa um zu klären, ob er frei oder unfrei sei, der beleidigt letztlich sowohl seine Freiheit, seine Unfreiheit als auch sein Gehirn. Mein Gehirn sagt mir nichts. Es ermöglicht, dass ich spreche. Will ich frei werden, steht es mir zu Diensten.

Ich setze mich selbst. Eine Rückschau

Darf man eine Veranstaltung – in diesem Fall: die 23. Rudolf-Steiner-Forschungstage 2016 in Berlin – derart besprechen, dass man allein die eigene nachgeborene Erkenntnis in den Mittelpunkt stellt? Ich tue es. Was die unterschiedlichen Beiträge – von Konstantin J. Sakkas, Clara Steinkellner, Troy Vine, Terje S. Sparby, Ralph Boes, Andreas Laudert und mir – verband, war in meinen Augen die Frage nach dem adäquaten Verhältnis von Individuum und Gesetz.[10]

Anders als in der Natur, die einem das Exemplar als Beispiel des Gattungsgesetzes schenkt, ist es der Menschennatur eigen, dass das Individuum mit den Gesetzen, die es formen, spielt. Das ist die Zumutung Steiners: Überall ist von Regeln und Gesetzen, Rhythmen und Zyklen, Kräften und Zielen die Rede, die den Menschen präformieren – und zugleich heißt es immer wieder klar und deutlich, dass der Mensch eine Gattung für sich, will heißen: sich selbst Gesetzgeber sei. Steiner gibt weder den Gesetzes- noch den Individualitätsbegriff auf, vor denen heute wahlweise Wissenschaft, Kunst, Religion kapitulieren.

Wer auf das Gesetz verzichtet, findet Beliebigkeit. Wer auf das Individuum verzichtet, verliert Lebendigkeit. Wer das Gesetz gegen das Individuum ins Feld führt – und das geschieht immer dann, wenn ich einen einzelnen Menschen aus allgemeinen Gesetzen ableite –, der begeht ein Verbrechen gegen die Menschlichkeit, die er ebenso wenig wird erkennen können, wenn er Gesetze hartnäckig leugnet. Kurzum: Alle kosmischen Gesetze sind Schall und Rauch, wenn wir durch sie nicht das Ich erblicken, das sein Schicksal in die eigene Hand nimmt.

Wellness oder was? Eine Milieubeobachtung

In letzter Zeit nehmen die Äußerungen zu, die einen wissenschaftlichen Umgang mit Rudolf Steiner und der Anthroposophie fordern – und sich gegen die Wellnessanthroposophie einiger vermeintlich Gestrandeter und Vorgestriger zur Wehr setzen. So begrüßenswert Anliegen und Anspruch auch sind, sie zeugen doch nicht selten von einer Hybris: Die Wissenschaftsforderung wird selbst zur szientistischen Wellness, die, kaum ausgesprochen, schon erfüllt sein soll – ohne dass auch nur ein Körnchen Wahrheit zusammengetragen worden wäre. Dabei wird das revolutionäre Potenzial der Anthroposophie gerade nicht zeitgemäß ausgeschöpft, sondern – zeitgemäß verfehlt.

Steiners Kulturtat besteht ja gerade darin, erkannt zu haben, dass – in damaligen Worten – eine ‹Weltanschauung› den ‹ganzen› Menschen meinen muss, will sie wirklich wirksam werden. Was die deutschen Idealisten sich früher erträumten und die deutschen Faschisten später pervertierten, das versuchte Steiner für den ‹ganzen› Menschen, der frei sein will, zu begründen. Es geht also in Sachen Anthroposophie – kurz gesagt – um alles: um Wissenschaft, Kunst und Religion. Wenn nun zu beobachten ist, mit welcher ästhetischen Einfältigkeit und dogmatischen Strenge anthroposophischer Szientismus häufig auftritt, dann sinkt er noch unter das bescheidene

Schönheitsideal des akademischen Trockenbrotbetriebs samt seiner normativen Selbstvergessenheit herab und verwirkt letztlich seine Bestimmung.

Die Welt wird auch in aufgeklärten, wissenschaftlichen Zeiten nicht allein wissenschaftlich gerettet, sondern durch jede freie Kulturtat, die aufs Ganze geht. Dabei helfen Wellnesswissenschaft, Wellnesskunst und Wellnessreligion nicht weiter.

Fest. Was gibt es heute noch zu feiern?

Feste stehen dieser Tage im Kalender. Im Taschenkalender. Im Geburtstagskalender. Und sie stehen uns im Weg. Nicht schon wieder, seufzt die Seele, wenn es mal wieder nichts zu feiern, jedoch auch keinen Grund gibt, das Feiern zu vermeiden. Und so schleppen wir uns festmüde von Weihnachten zu Ostern, von Ostern zu Weihnachten, von Taufe zu Konfirmation, von Konfirmation zu Hochzeit – und wieder und wieder von Geburtstag zu Bestattung. Das Fest ist fest geworden. Es hat jede Festlichkeit, jede Feierlichkeit eingebüßt.

Das Fest wird, als Termin determiniert, negiert. Menschen warten auf Termine und Feste auf Gelegenheiten, weshalb sie niemals pünktlich, und alle, die sie pünktlich feiern wollen, traurig sind. Festgemeinden sind Trauergemeinden, die zu Grabe tragen, was sie eigentlich verbindet: das Fest. Fragt sich: Wie aufersteht das Fest? Antwort: Indem wir es ganz neu beleben! Die Feste, die uns vorgeschrieben sind, laden dazu ein, bestimmte Stimmungen besonders zu vertiefen. Es sind kosmische und biographische Erinnerungen, die Festvergessenheit zu überwinden und sich mit der Welt oder einem Menschen eigenständig zu verbinden.

Und sonst? Was gibt es sonst zu feiern? Wann ist Feierstunde, Festeszeit? Jenseits des Kalendariums! Das Buch des Lebens taugt nicht als Kalender. Seine Festeszeiten sind Leerseiten – Seiten, die sich füllen, wenn uns allein oder im Verbund mit anderen Verwandlung, Verwirklichung, Verwesentlichung gelingt. Wer sich darauf vorbereitet, feiert Hochzeit mit dem Leben, wenn es an der Zeit ist, und lädt das Fest ein, Gast zu sein. Das Fest findet als Gast eine neue Heimat – auf der Flucht vor den Kalendern, die es jagen.

Goldenes Zeitalter. Eine Farbenlehre

Welche Farbe hat die Arbeit? Wer sich das fragt, sieht rot. Seitdem die Fabrikarbeiter vor rund anderthalb Jahrhunderten für menschliche Arbeitsbedingungen kämpften und sich dabei sogar einsperren und hinrichten ließen – seither ist die Farbe der Arbeit rot. Blutrot. Ideologierot. Daran erinnern wir uns bis heute, wenn wir am Tag der Arbeit ein rotes Fahnenmeer wogen lassen.

Bevor die Arbeitsteilung die Arbeit rot werden ließ, war die Farbe der Arbeit braun. Braun heißt: angesichts der Natur das Lebensnotwendige für die eigene Familie, für die eigene Sippe in dörfischer Subsistenzwirtschaft besorgen. Sowohl in der braunen als auch in der roten Ökonomie wird fremdbestimmt gearbeitet – einmal selbstversorgt (braun), einmal fremdversorgt (rot).

Und wie leben und arbeiten wir in Zukunft? Wir leben in paradiesischen Zuständen! Wir arbeiten im goldenen Zeitalter! Wir streben nicht mehr nach Fülle, sondern nach Erfüllung. Wir müssen nicht mehr im Schweiße des Angesichts unser tägliches Brot verdienen, sondern können uns höheren Aufgaben widmen. Wir arbeiten nicht mehr fremdbestimmt, sondern selbstbestimmt – indem Maschinen für uns und wir für andere tätig sind.

Früher war die Arbeit profan und die Kirche heilig. Demnächst werden wir das, was wir füreinander tun, heiligen und profane Kirchen schließen können. Das

Himmelreich offenbart sich auf Erden. Es wird nicht mehr von Götterhand, sondern von Menschenhand gelenkt. Deshalb glänzt die Zukunft der Arbeit in goldenem Schein. Wenn wir freiwillig füreinander arbeiten, vollziehen wir Göttertaten und vergolden die Welt.

Gute Idee. Eine Wirklichkeitsbeschreibung

Wer eine Idee umsetzen will, der steht auf verlorenem Posten. Ideen lassen sich nicht umsetzen. Ihnen fehlt es nicht an Wirklichkeit. Wer eine Idee umsetzen will, der behandelt nicht nur sie, sondern auch die anderen als Unwirklichkeit. Er umgeht die Idee und übergeht die anderen. Er entzieht sich ihnen, um sie befehligen zu können. Er nimmt ihnen gegenüber eine Machtposition ein, die sie ohnmächtig werden lässt. Ich kann einer Idee erst dann angemessen begegnen, wenn ich mich auf sie ebenso wie auf andere einlasse – also jene Wirklichkeit in mich einlasse, die ihnen eigen ist.

Gute Ideen nehmen sich meiner an. Sie nehmen mich auf. Sie erheben mich, sie erhöhen mich, ja, sie befähigen mich, andere zu erheben und zu erhöhen. Gute Ideen sind unendliche Geschichten. Sie erschöpfen sich nicht. Ihre Quellen sprudeln und sprudeln und lassen jeden zur Quelle werden, der aus ihnen schöpft. Gute Ideen bessern mich. Sie verwirklichen mein Wesen. Sie lassen mich wesentlich werden und anderen wesentlich begegnen. Gute Ideen weisen über sich hinaus – auf uns: auf dich und mich.

Ich will die Wirklichkeit der Ideen nicht verwirken. Ich will die Wirklichkeit der anderen nicht verwirken. Ich will den Ideen und den anderen wirklich begegnen. Ich will mich selbst umsetzen, freisetzen – wirklich sein und wirklich werden. Ich will mich nicht auf Ideen berufen, sondern ihnen meine Stimme verleihen. Ich will mich nicht auf andere berufen, sondern mit ihnen sprechen. Ich will der Wirklichkeit des Gesprächs, die uns entspricht, entsprechen.

Fallen. Wider den Antiindividualismus

Wenn Identität sich verflüchtigt, dann reden die einen nur noch vom Eigenen und die anderen nur noch vom Fremden. Das Eigene wird beschworen oder verachtet – das Fremde herbeigesehnt oder hinfortgewünscht. Dass Identität sich verflüchtigt, ist eine Begleiterscheinung von Globalisierung und Individualisierung – der Weltwerdung der Welt und der Menschwerdung des Menschen. Beide vollziehen sich krisenhaft – und wer die globale und individuelle Krise nicht aushält, der festigt seine Identität, ohne ganz weltlich und ganz menschlich geworden zu sein. Wer den freien Fall nicht immer wieder wagt, sondern stattdessen Halt sucht, der enthält der Welt seine Individualität vor. Er lebt sich in eine Lebenswelt ein, auf die er ebenso angewiesen ist wie die Puppe auf den Puppenspieler.

Wer Halt sucht, der greift verzweifelt um sich – und wohin man auch greift, es findet sich Anthroposophie. Auf dem Bauernhof. Im Kindergarten. In der Schule. Im Krankenhaus. Wenn Anthroposophie Halt wird, dann verhindert sie Haltung. Wer keine eigene Mission hat, der lässt sich vom vermeintlichen Guru mit einer missionarischen ausstatten und verkehrt lebendige Geisteswissenschaft in totes Glaubensbekenntnis. Dieser Antiindividualismus, der vom Verhältnis zu Rudolf Steiner bis zu jenem zu den andersgläubigen Nachbarn reicht, beschwört zwar Individualität und Gemeinschaft, aber ohne sie wirklich auszubilden. Steiner selbst ist das nicht vorzuwerfen, denn sein Individualismus – vor allem aber: seine Individualität – prägt seinen Lebensgang.

Monokultur ist kulturvernichtend. Steiner hat Vielfalt gesät. Wenn wir jetzt bloß Einfalt ernten, dann wird die Welt die Anthroposophie nicht vermissen.

Mein Geheimnis. Ein Geständnis

Wann immer ich von einer neuen Beziehung, einer neuen Freundschaft höre, teilen mir die Glücklichen mit, dass sie besonders schätzten, mit dem anderen über alles reden zu können, keine Geheimnisse voreinander zu haben. Ich freue mich dann mit ihnen – und fühle mich doch zugleich überführt. Wer mir berichtet, er könne mit einem anderen über alles reden, der unterstreicht zugleich, dass es derart zwischen uns beiden nicht bestellt ist. Oder etwa nicht?

Kann man mit mir denn nicht über alles reden? Nein! Das hat allerdings jenseits persönlicher Befindlichkeiten ganz andere Gründe, die sich mir angesichts freudiger Freundschaftsgeständnisse immer wieder aufdrängen. Die Gründe liegen in mir. In mir bildet sich, was ich später mal werde sagen können, vor. Es bilden sich Bilder, Seelenbilder, die ich bewege, die mich bewegen – und die ich, wenn es an der Zeit ist, mit anderen teile, anderen mitteile. Anders gesagt: Ich kann nur dann über alles reden, wenn ich Geheimnisse hegen kann. Ansonsten frisst der Mitteilungszwang das Mitteilungswürdige auf. Wer mit mir über alles reden will, was ich noch gar nicht zu sagen habe, der verhindert letztlich, dass ich etwas zu sagen habe. Ich habe nichts mehr zu sagen, wenn ich andauernd reden muss.

Kurzum: Damit ich mit anderen über alles reden kann, bedarf es der Fähigkeit, das Wort reifen zu lassen.

Ich habe nicht nur Geheimnisse vor anderen, sondern gleichermaßen vor mir selbst. Was ich noch nicht von mir weiß, davon lebe ich. Und dafür gilt: Transparenzterror zerstört, was Distanzkultur ermöglicht. Wer mir fern sein kann, dem kann ich nah sein. Wer mein Geheimnis schätzt, dem kann es sich offenbaren.

Meine Wahrheit. Eine Begriffsgeschichte

Wer heute über Wahrheit sinniert, der überblickt ein Schlachtfeld: Die Krieger des Relativismus haben längst kurz und klein geschlagen, was an Wahrem, Schönem, Gutem einen absoluten und ewigen Wert beanspruchte. Das Absolute und das Ewige – das für alle und für immer Gleiche – vertragen sich nicht mit Zeitgenossen, die hier und jetzt erfahren, welcher Terror vom Absoluten und Ewigen immer wieder ausgeht. Doch nicht weniger gewaltsam wird heute relativiert, was früher absolut gewesen ist. Das Relative als das neue Absolute geht nicht weniger zimperlich ans Werk, wenn es die Götzen des Ewiggestrigen zerstört.

Wie, so lässt sich angesichts dessen fragen, überlebt die Wahrheit das Ende der Wahrheit? Oder anders: Was bleibt von ihr noch übrig oder kommt erst noch zum Vorschein, wenn sich die Wahrheit zwar nicht von sich selbst, aber immerhin davon verabschiedet, absolut und ewig zu sein? Die Antwort lautet: Ich bleibe übrig. Und mit mir ein wägendes Wesen, das denkend die Welt begreift. Von mir aus gesehen – und das sehe ich, wenn ich denke – ist zwar nichts relativ, aber alles relational. Wir stehen miteinander in Beziehung – die Welt und ich, ich und du. Will die Wahrheit dabei eine Rolle spielen, muss sie beziehungsfähig, also wandlungsfähig werden. Und ich muss mich darauf einlassen, dass zwar alles anders sein könnte, aber so ist, wie es ist – bis ich es ändere.

Die Wahrheit wird Tatsache. Was ich tue, wird wahr – so wahr, dass ich es kaum glauben kann, und so wirklich, dass ich es kaum leugnen kann. Von mir aus gesehen hat die Wahrheit eine Zukunft. Ohne mich wird sie uns allen zum Verhängnis.

Ichzeit. Eine Sprachkritik

IN WELCHER LITERARISCHEN Epoche leben wir eigentlich? Der Schriftsteller Maxim Biller sah sich 2011 in die ‹Ichzeit› versetzt, die er mit Rainald Goetz' Roman *Irre* (1983) beginnen und sich bis in die Jetztzeit hinein erstrecken ließ – eine Epoche, deren Credo laute: «Die Literatur braucht wieder ein starkes, glaubhaftes, mitreißendes, suggestives Erzähler-Ich, das stärkste, das es je gab – sonst hört ihr uns, die tief empfindenden Dichter und Denker, im immer lauter werdenden Medienlärm nicht mehr.»[11]

Befinden wir uns dieser Tage noch immer in der ‹Ichzeit›? Immer wieder ist derzeit der Ruf zu vernehmen, es solle mehr Geschichten-, weniger Ich-Erzähler geben – mehr Narration, weniger Exhibition. Dem liegt jedoch ein Missverständnis zugrunde, das die ‹Ichzeit› mit ihren Kritikern teilt. Denn ‹Ichzeit›, ernst genommen, hieße weit mehr als Erste-Person-Singular-Zeit: Es geht nicht darum, aufmerksamkeitsökonomisch effiziente Erste-Person-Singular-Phrasen zu dreschen – der Ich-Erzähler ist keine formelle, sondern eine existenzielle Kategorie! Das Ich ist keine Erfindung, sondern der Erfinder der Grammatik. Das Ich ist nicht die erste Person Singular, sondern eine Instanz, die vom Wesen der Dinge, vom Wesen der Welt, vom Wesen ihrer selbst kündet. Das ist in jeder sprachlichen Form möglich, die von einem solchen Ich ergriffen und getragen wird.

Wollen wir wirklich in einer ‹Ichzeit› leben, bedürfen wir keiner Ego-Literatur, sondern einer Ich-Kultur, die jenseits von selbstbehauptender Wichtigkeit und selbstvergessener Nichtigkeit beginnt. Diese ‹Ichzeit› ist zeitlos. Sie findet sich immer wieder und stets neu, ist längst Vergangenheit und nichts weniger als die Zukunft.

Wir treffen uns. Ein Augenblick

Es gibt Blicke, die mich beobachten, und Blicke, die sich treffen. Wenn ich anderen in die Augen schaue, ist beides möglich: Es ist möglich, dass ich den anderen beobachte und von ihm beobachtet werde, und es ist möglich, dass unsere Blicke sich treffen. Der Ort, an dem unsere Blicke sich treffen, ist ein anderer als jener, von dem aus wir einander beobachten. Wir sehen immer wieder anders, wenn wir einander beobachten. Wir sehen nicht nur immer wieder anders, sondern etwas ganz und gar anderes, ja, jemand ganz und gar anderen, wenn unsere Blicke sich treffen.

Ich kann, wenn ich denn will, den anderen beobachten. Dazu kann ich mich entschließen und befähigen. Je genauer ich den anderen beobachte, desto mehr kann ich sehen und erkennen. Dies ist jedoch keine Gewähr dafür, dass unsere Blicke sich treffen. Ich kann mich entschließen, den anderen anzuschauen, aber es bleibt offen, ob unsere Blicke sich treffen. Wir bleiben unverfügbar, selbst dann, wenn wir uns offenbaren wollen.

Der Blick, der sich dem anderen nicht öffnen, sondern ihn entblößen will, wird zurückgestoßen. Ich pralle am anderen ab, wenn ich ihn bedränge. Ich entleere den Blick des anderen, will ich mir seine Fülle aneignen. Ich sehe meine eigene Leere, wenn ich mich dem anderen aufzwinge. Ich werde von den Blicken, die mich vertilgen wollen, verschlungen, während die Blicke, die sich treffen, mich neu gebären. Plötzlich, angesichts des anderen, leuchtet mir sein Licht, strahle ich in seinem Glanz, scheint alles um uns herum golden – und aus Augen, die sich suchen, werden Blicke, die sich treffen, Menschen, die sich finden.

Blicke. Eine Richtungsentscheidung

Wer anderen etwas sagt, es ihnen jedoch nicht ins Gesicht sagt, der ist auf dem besten Weg, sein Gesicht zu verlieren. Es gilt als verwerflich, etwas zu sagen, es den anderen jedoch nicht ins Gesicht zu sagen. Wer anderen nicht in die Augen schaut, wenn er den Mund aufmacht, der wird als unaufrichtig und hinterhältig getadelt. Das ist verständlich, solange das Gesicht die richtige Richtung für die Ansprache des anderen ist. Doch wie sieht es aus, wenn das Gesicht die falsche Richtung für die Ansprache des anderen ist? Wenn ich ihm also etwas nur sagen kann, ja, wenn etwas überhaupt erst sagbar wird, indem es nicht ins Gesicht gesagt wird?

Es gibt Blicke, die für sich selbst sprechen, und die jedes Wort nur stört. Und ebenso gibt es Worte, die sich selbst finden, und die jeder Blick nur stört. Deshalb ist es oftmals die Stille, die zwei Blicke sich treffen, und die Weitsicht, die Wort für Wort zusammenklingen lässt. Wenn ich mit anderen spaziere, blicke ich gemeinsam mit ihnen voraus. Und diese Weitsicht, diese Vorwärtsbewegung lässt vieles sagbar werden, was angesichts des Gesichts der anderen verstummt. Nicht aus Unaufrichtigkeit oder Hinterhältigkeit, sondern aufgrund der Bannkraft des Blicks, der nichts als Blick sein, der für sich selbst sprechen will.

Wer anderen etwas sagt, es ihnen jedoch nicht ins Gesicht sagt, der ist auf dem besten Weg, sein Gesicht, ja, das Gesicht der anderen zu wahren, wenn er sich nicht bloß der Sprache hingibt, sondern das Gespräch sucht – wenn er sich selbst nicht zurück-, sondern den anderen nicht vorenthält.

Widersacher. Eine Besinnung

Es gibt Gedanken, die lassen sich nicht denken. Sie lassen sich nur vorstellen. Wir können uns vorstellen, dass wir sie denken. Der Gedanke, den es nicht gibt, ist nichts und wieder nichts – aber dieses Nichts gewandet sich als Gedanken-Sein, als Phantomgedanke.

Wer Phantomgedanken auf den Leim gegangen ist, der bekämpft sie. Dadurch fällt er erneut auf sie herein. Was es nicht gibt, wird dadurch wirklich, dass wir es bekämpfen. Der Phantomgedanke zehrt für seine Wirklichkeit von unserem Widerstand. Wer dem Widerstand widersteht und aufweist, dass der Phantomgedanke nicht falsch, sondern falscher als falsch ist, der entblößt ihn – und es bleibt: nichts.

Von anderer Art als die Phantomgedanken sind Gespenstergedanken. Es sind Gedanken, die wollen, dass wir sie denken, obwohl wir sie nicht denken wollen. Sie sind nicht undenkbar, wie Phantomgedanken, sondern undankbar. Sie sind für ihre Wirklichkeit nicht auf Widerstand, sondern auf Zuspruch angewiesen. Dabei handelt es sich nicht um Gedanken, die wir nicht für wahr halten wollen, weil wir sie uns aufgrund irgendeiner *spiritual correctness* verbieten würden. Vielmehr handelt es sich um Gedanken, die tatsächlich etwas von mir wollen, das ich nicht will. Sie vernebeln nicht die Wirklichkeit, sie versuchen meinen Willen.

Wie werde ich dieser Gedanken Herr? Indem ich mich ihnen als Herrscher gegenüberstelle. Ich beherrsche sie nicht, indem ich sie verleugne, sondern indem ich sie erkenne – indem ich sie als Gedanken anerkenne, ihnen aber die Gefolgschaft verweigere. Das wiederum regt Komplementärgedanken an, die ich nicht verneinen, sondern bejahen will.

Auf diese Weise offenbart sich das Denken als Tat, die Phantome entlarvt, Gespenster verjagt und gute Geister gebiert.

Gute Sache. Eine Wahrheitssuche

Es GIBT EINE geordnete Welt. In ihr findet sich das Gute und das Böse; das, was ich will, und das, was ich nicht will. Sich hierfür oder dafür zu entscheiden, ist einfach, denn ich weiß, wofür ich mich entscheide. Die Eindeutigkeit der Sache lässt mich klar und deutlich erkennen, worauf es ankommt, worum es geht. Es gibt allerdings auch eine ungeordnete Welt. In ihr findet sich das, von dem ich noch gar nicht weiß, ob es gut oder böse, richtig oder falsch ist; von dem ich nur weiß, dass es, wenn ich es will, darauf ankommt, wie ich mich dafür einsetze.

Wie aber setze ich mich für eine Sache ein, die nicht für mich bürgt, sondern für die ich allein bürge? Wie setze ich mich für etwas ein, das von mir allein eingesetzt wird? Wie verantworte ich, dass die Antwort von mir allein abhängt? Wie gehe ich damit um, dass ich derjenige bin, der es gut oder böse, richtig oder falsch sein lässt? Ich bedarf, um mich für eine Sache, die es noch gar nicht gibt, einzusetzen, der Bereitschaft, sichtbar zu werden. Meine Sichtbarkeit, das, was sich aufgrund meiner Verbindlichkeit wird zeigen können, ist das, was die Sache schließlich gewesen sein wird. Ich bin das Wesen der Sache, die erst dadurch entsteht, dass ich mich in ihren Dienst stelle.

Wird es eine gute Sache gewesen sein? Wer weiß. Jedenfalls gelingt diese Ich-Sache nur dann, wenn sie kein Du vergällt – wenn ich mich nicht hinter der guten Sache verstecke. Ich allein muss gut sein, die Sache ist es nicht von selbst. Wenn ich mich selbst prüfen und mir selbst verzeihen kann, dann kann die Sache, die meine Sache ist, eine gute Sache werden – dann kann ich auch andere prüfen und darf auf ihr Verständnis hoffen.

Fakt. Ein Nachruf

Fakt ist Fakt. Das war einmal. Das war einmal das Versprechen der Aufklärung. Wer sich seines eigenen Verstandes bediente, dem enthielt die Welt die Wirklichkeit nicht vor. Die Wirklichkeit der Welt ging mit dem Tod Gottes einher. Das Diesseits wurde auf Kosten des Jenseits erobert. Die Welt wurde alles, was der Fakt ist. Und nun?

Nun leben wir längst im postfaktischen Zeitalter. Dabei verlieren wir nicht den Himmel aus den Augen, sondern den Boden unter den Füßen. Wir verlieren das Diesseits, nicht das Jenseits. Diesmal stirbt nicht Gott, sondern der Mensch. Jedenfalls stehen wir selbst infrage, wenn die Wirklichkeit infrage steht, die uns unserer selbst versicherte. Dass sich alle auf flüchtige Fakten berufen und zugleich einander der faktenflüchtigen Lüge bezichtigen, ist sicherstes Indiz dafür, dass die Fakten längst verflogen sind, wir jedoch noch nicht wissen, wie wir damit leben können. Wie leben wir damit, dass die Wirklichkeit der Welt passé ist?

Fakten sind immer auch gute Ausreden gewesen. Auch als solche taugen sie jetzt nicht mehr. Vielmehr ist jetzt Phantasie gefragt, ja, eine Schöpfung aus dem Nichts, denn aus nichts anderem lässt sich nunmehr schöpfen. Wer aus dem Nichts schöpft, der spielt mit dem Feuer. Wer nicht aus dem Nichts schöpfen, sondern lieber an irgendetwas glauben will, der verwirkt das postfaktische Zeitalter.

68 Die heutige Aufklärung versichert uns nicht der Wirklichkeit, sondern des Nichts. Alles ist möglich. Nichts ist wirklich. Wir sind nichts, solange wir nicht aus dem Nichts schöpfen. Wir sind nicht mehr und nicht weniger, als wir dereinst aus dem Nichts geschöpft haben werden.

Stille Nacht. Eine Erweiterung

Das Wesen der Stille ist die Weite. Die Weite wird angesichts der Stille wesentlich. Wer sich nicht weitet, den beengt die Stille. Die Stille des Gesprächs ist das Schweigen – nicht das Reden aus Verlegenheit, nicht das Nicht-Reden, weil man sich nichts mehr zu sagen hat, sondern das Schweigen, das den Raum weitet, die Zeit verdichtet.

Die Stille ist von einer Sinnlichkeit, welche die Sprache nicht kennt. Die Stille lässt mich ganz und gar berührbar werden. Die Stille ist die kommunikative Kommunion – das, was ich wirklich mit anderen teile. «Werde still, werde wesentlich», ertönt es in stiller, heiliger Nacht. Ich will der Stille Heimat sein.

Aufgabe. Ein Aufruf

Wir leben heute in einer problematischen Zeit. Wer sich andauernd mit Problemen beschäftigt, der weiß bald gar nicht mehr, womit er sich eigentlich beschäftigt. Ist ein Problem gelöst, steht schon das nächste vor der Tür – die Probleme drücken sich gegenseitig die Klinke in die Hand. Wer sich bloß um Probleme kümmert, der verkümmert irgendwann. Wer vor lauter Problemen keine Aufgaben mehr sieht, der gibt auf.

Wer sich Aufgaben widmet, dem erscheinen Probleme plötzlich sinnvoll. Jedenfalls jene Probleme, die aufgrund von Aufgaben in der Welt sind. Aufgaben schaffen Probleme – und sie schaffen Probleme ab. Aufgaben ermöglichen, zwischen Wichtigem und Unwichtigem zu unterscheiden und der Probleme Herr zu werden. Während Probleme ‹flach› sind und in Sachen Dringlichkeit miteinander wettstreiten, sind Aufgaben ‹gehoben› und haben Zeit. Aufgaben schenken Zeit, während Probleme Zeit rauben.

Wer keine Aufgabe hat, der hat ein Problem. Aufgabenlos richten uns die Probleme zugrunde. Dabei sind Probleme in gewisser Hinsicht sogar bequem: Probleme sind einfach zu haben. Jeder hat immer irgendwelche. Und wer keine Probleme hat, der kann sich mit den Problemen anderer befassen. Während es leicht ist, ein Problem zu finden, ist es schwer, eine Aufgabe zu finden. Während mir jeder sagen kann, was das Problem ist, kann mir keiner sagen, was meine Aufgabe ist.

Ich muss meine Aufgabe selbst finden – und wir müssen uns über unsere Aufgaben gemeinsam verständigen, wollen wir die aufgabenlosen Probleme auflösen. Was bleibt, sind Probleme, die Aufgaben angehören. Wer seine Aufgabe gefunden hat, der hat das größte Problem schon gelöst und ist jedem weiteren gewachsen.

Zum Vergessen. Eine Theoriegeschichte

Wer sich im Rahmen schriftlicher Prüfungen vor ein Blatt Papier oder einen Rechner gesetzt sieht, um dort irgendetwas anzukreuzen oder auszufüllen, der wird mit bestimmten Eigenarten der heutigen Erinnerungskultur konfrontiert. Denn wissenschaftliche Theorien sind inzwischen vor allem auf eines aus: darauf, nicht vergessen zu werden. All die Thesen und Gegenthesen, all die zwar aus-, aber nicht zu Ende gedachten Gedanken wollen unbedingt ‹geochst› und ‹gebüffelt›, ‹vorgekaut› und ‹nachgebetet› werden. Die wissenschaftliche Umweltverschmutzung aufgrund wahlloser Theorieemission offenbart sich besonders drastisch, wenn Schüler oder Studenten, diese vergesslichen, allzuvergesslichen Spezies, bulimiegelernte Glaubenssätze in Prüfungen ausspucken.

Wenn es vielen Theorien wirklich darum ginge, worum es ihnen erklärtermaßen geht – nämlich darum, die Welt zu verstehen und den Menschen darin handlungsfähig werden zu lassen –, dann würden sie sich selbst nicht so wichtig nehmen, sondern für das Weltverständnis und die Handlungsfähigkeit des Einzelnen geradezu vergessen werden wollen. Theorien, die nicht selbstvergessen, ja selbstlos auftreten, lenken von der Welt, die es zu verstehen gilt, ab, und behindern de facto das Handeln, das zu befördern sie vollmundig vorgeben.

Geist kann nicht erinnert, sondern nur aktualisiert werden. Ich bin mir selbst weder als Vergangenheit noch als Zukunft, sondern nur als Gegenwart präsent. Rudolf Steiners Begründung einer selbstvergessenen, ja selbstlosen Geisteswissenschaft stellt genau einen solchen Versuch dar, der noch heute provoziert: eine Theorie zum Vergessen! Anthroposophie lässt sich nicht erinnern. Sie ist theoretisch unverfügbar. Sie stirbt ihren Tod mit jedem verlöschenden Gedanken – und ersteht wieder auf in jeder freien Tat.

Anschlag. Ein Lebenszeichen

ICH LEBE NOCH. Dessen konnte ich mich erneut dadurch versichern, dass ich mich in einer Stadt befand, in der zeitgleich mit meinem Aufenthalt andere Menschen bei einem Anschlag getötet wurden. Der medienwirksame Tod eines Anschlags löst eine weltweite Trauerwelle aus – und für die Lebenden einen Sorgensturm, der sie unweigerlich zu Überlebenden werden lässt. Ja, ich lebe noch. Nein, ich war nicht in unmittelbarer Nähe. Ja, mir geht es gut.

Nein, mir geht es eigentlich gar nicht gut! Denn ich weiß ganz und gar nicht, was ich von dieser Trauer, vor allem aber von diesen Sorgen und Nöten halten soll. Will ich so betrauert werden, wenn ich tot bin? Will ich so umsorgt werden, solange ich lebe? Es gibt eine Trauer, die dem Tod seine Würde nimmt, und eine Sorge, die dem Leben seine Kraft raubt. Ich will nicht betrauert werden, weil man nicht damit umgehen kann, dass ich gestorben bin; und ich will nicht umsorgt werden, weil man nicht damit umgehen kann, dass ich sterben könnte. Ich will freigelassen werden – tot oder lebendig.

Ich will betrauert werden können, ja, ich will es annehmen können, dass der Schmerz anderer sie über mich weinen lässt; und ich will umsorgt werden können, ja, ich will es wertschätzen können, dass andere sich mir verbunden fühlen. Aber: Ich will nicht Opfer eines Anschlags werden, indem andere mich nicht gehen lassen. Ich will meinen Lebensweg ebenso finden können wie meinen Tod. Ich will nicht ‹noch› leben oder ‹schon› tot sein, sondern Leben und Sterben an der Zeit sein lassen.

Wann immer die Welt vor großen Problemen steht, gibt es welche, die einen ganz besonderen Grund dafür ausmachen: Überbevölkerung. Der britische Ökonom Thomas Malthus formulierte bereits 1798 in seinem Essay *On the Principle of Population* ein ‹Bevölkerungsgesetz›, das die Weltbevölkerung stärker als die Nahrungsmittel zunehmen und also die Menschheit einer Katastrophe entgegentreiben sah: «Ein Mensch, der in einer schon okkupierten Welt geboren wird, wenn seine Familie nicht die Mittel hat, ihn zu ernähren, oder wenn die Gesellschaft seine Arbeit nicht nötig hat, dieser Mensch hat nicht das mindeste Recht, irgendeinen Teil von Nahrung zu verlangen, und er ist wirklich zu viel auf der Erde. Bei dem großen Gastmahle der Natur ist durchaus kein Gedecke für ihn gelegt. Die Natur gebietet ihm abzutreten, und sie säumt nicht, selbst diesen Befehl zur Ausführung zu bringen.»[12]

Was Malthus sich damals noch klipp und klar auszusprechen getraute – nämlich die brutalen Konsequenzen seiner asozialen Weltanschauung –, das wird heute von Vertretern der Überbevölkerungshypothese zumeist kleinlaut heruntergespielt. Irgendwie sozial sollten wir uns schon verhalten, auch wenn wir längst zu viele seien und alsbald mal wieder weniger werden müssten …

Wer so denkt, der bedenkt nicht, dass er Tiere zählt, wenn er Menschen zählt – ja, er offenbart, dass es im

Grunde genommen zu wenige Menschen gibt! Denn gerade jene, die vermuten, dass es überflüssige Menschentiere gibt, lassen ihre eigene Menschlichkeit tierisch vermissen. Wer Mensch wird, der hört auf, zu viel oder zu wenig zu sein. Er ist. Ich bin dank jedes Menschen, den ich Mensch sein lasse, Mensch.

Das Soziale war einmal wie ein Boot. Es wurde gebaut, damit der Einzelne vor den Wogen des Lebens besser geschützt ist. Im Boot fanden einige Platz, andere mussten draußen bleiben. Es gab einen Steuermann, der die Richtung bestimmte, und Passagiere, die sich ihm anvertrauten. So ist es der Fall gewesen bei Familienbooten, Volksbooten, Vaterlandsbooten etc. Sie sorgten dafür, dass der Einzelne nicht untergeht – und dafür, dass er nicht schwimmen lernt. Sie sorgten dafür, dass der Einzelne seine Mitfahrer kennenlernt – und dafür, dass er allen anderen aus dem Weg geht.

Doch die sozialen Boote sind längst morsch geworden – und wer heute nicht selbst schwimmen lernen, sondern sich weiterhin nach sozialen Booten sehnen will, der wird asozial. Er sehnt sich nach einer geschlossenen Bootsgesellschaft anstatt nach einer offenen Freischwimmergesellschaft. Noch jede Partei, jedes Unternehmen, jede NGO, die heute meinen, für die eigene Sache kämpfen zu müssen, kämpfen den alten Hordenkampf. Für sich. Gegen andere. Von gestern.

«‹Die Gesellschaft› war ein Spektakel des 19. und 20. Jahrhunderts. ‹Der Mensch›, vorerst nur eine dramatische Skizze, rückt nun an seine Stelle», schreibt Botho Strauß.[13] «Das Über-Geheiß des Sozialen abzuschütteln käme heute dem Gottessturz Nietzsches gleich.»[14] Was heißt das? Das heißt, dass künftig allein die Individualität die Quelle aller Sozialität ist. Und das wiederum heißt, dass Anthroposophie überall dort, wo sie ‹Gesellschaft› anstatt ‹Mensch› wird, asozial wird. Ich bin die einzige soziale Bewegung der Zukunft. Das Ich ist die soziale Zukunft. Für mich. Für dich. Von morgen.

Krieg. Ein Friedensgruß

WER SICH FRÜHER für andere Länder, andere Sitten, andere Menschen interessierte, der führte nicht selten Krieg gegen sie. Das Interesse am anderen zeigte sich darin, dass man ihn mit einem Angriff adelte. Dies bot zugleich den Göttern die Gelegenheit, zu zeigen, wem sie sich als günstig erweisen – und solche Kriege führten schließlich, nachdem sie Mann gegen Mann ausgefochten waren, immer wieder zu Frieden auf Augenhöhe.

Was für Jahrhunderte galt, verlor erst im 20. Jahrhundert seine Gültigkeit: dass nämlich Krieg durchaus etwas Gutes sein kann. Im 20. Jahrhundert verlor der Krieg sein Gesicht – und den anderen aus dem Blick. Der Krieg eroberte die hohen Lüfte und Meerestiefen. Er wurde vertikal. Er büßte seinen Horizont und das Interesse am anderen ein. Der andere sollte nicht mehr erobert, sondern vernichtet werden. Der Krieg wurde böse. Daraus folgte, dass Kriege nicht mehr offen erklärt, sondern verdeckt geführt werden. Kriege soll es nicht mehr geben – deshalb heißen sie jetzt anders.

Doch wie wäre es, wenn wir weder auf Kriege noch auf das Interesse am anderen verzichteten? Und dabei realisierten, was auch schon früher galt: dass nämlich der andere das eigentliche Kapital der Zukunft ist, es also einer Kapitalvernichtung gleichkommt, wenn ich ihn vernichte? Wer zeitgemäß kriegt, der kämpft nicht unter falscher Flagge gegen andere, sondern aufrichtig mit sich selbst. Wer den Ideenkampf annimmt, der stiftet Frieden mit anderen. O-Ton Beuys: «Wenn man Krieg und Kampf auf die Bewusstseinsebene überträgt und damit die äußeren Kriege vermeidet, dann hat man einen positiven Zustand von Frieden erreicht. Der Ideenkrieg mit sich selbst wäre der eigentliche wünschenswerte Frieden.»[15]

Ich über mich. Selbstkritisches

Ich bin der, der ich bin, und mehr, als ich bin. Dieser Riss, der mitten durch mein Wesen geht, lässt mich mit mir sprechen und mir zuhören. Er ist es, der mich belebt und bewegt.

Ich bin nicht nur der, der für mich einsteht, sondern auch der, der mir gegenübersteht. Ich kann mir nah und fern, vertraut und fremd sein. Ich, der ich mit mir sprechen und mir zuhören kann, bin selbstkritisch.

Will ich Selbstkritik ernst nehmen, muss ich sie beim Wort nehmen. Selbstkritik ist Kritik des Selbst dank dieses Selbst. Ich bin es, der mich kritisiert. Selbstkritik ist weder Besserwisserei noch Anspruchslosigkeit. Sie ist weder Selbstgefälligkeit noch Selbstverachtung. Sie ist das Gespräch, welches ich mit mir selbst auf Augenhöhe führe.

Anspruchslos ist das Ich, welches verstummt. Falsche Ansprüche sind jene, die am Ich vorbeizielen. «Wenn man zu sehr auf Kritik reagiert, verliert man den richtigen Fehler, der ein dem eigenen Naturell entsprechender Fehler ist.»[16] (Rainald Goetz) Ich will kritisch agieren, nicht unkritisch reagieren. Ich will den richtigen, nicht die falschen Fehler finden.

«Ich bin nur kritisierbar innerhalb der Idee, die ich von mir selber habe.»[17] (Peter Handke) Ich bin selbst verantwortlich für die Idee, die ich von mir selber habe. Wenn es mir gelingt, eine Idee von mir selber zu bilden, die andere einschließt, dann erschließt das die Möglichkeit, dass Selbstkritik Sozialkunst wird. Je größer ich mich selber denke, desto kleiner werde ich. Je größer ich mich selber denke, desto größer werden andere.

Willensbildung. Eine Übung

Was wir können, das ruft uns dazu auf, es auch zu tun. Jedenfalls scheint das ein Signum der Moderne zu sein: dass ich nichts einfach nur können kann, ohne dass ich mich nicht zugleich dazu verleitet sehe, es auch zu tun. Könnerschaft und Täterschaft stecken gemeinsam unter einer Decke. Was dabei allerdings oftmals aus dem Blick gerät, ist die Frage, ob ich das, was ich kann, eigentlich auch will.

Schön und gut, dass ich tue, was ich kann. Aber will ich das auch wirklich? Will ich wirklich das, was ich tue? Oder tue ich nur das, was ich kann? Wir tun oftmals nur das, was wir können, anstatt uns dazu zu befähigen, das zu können, was wir wollen. Wir sind Riesenkönner und Willenszwerge. Wer nur tut, was er kann, der tut nicht, was er will. Er folgt anstatt dem Wollen dem Können. Folge: Er lernt nicht, das zu können, was er will. Folge: Er wird mit der Zeit willenlos. Könnerschaft ohne Willenskraft ist hohl. Sie ist Brutstätte der Depression und der Banalität des Bösen. Wie können wir also den Willen bilden, wo wir doch so sehr auf das Können schwören?

Wir erfahren den Willen zunächst an den Schwellen, die wir trotz unserer Könnerschaft nicht überschreiten. Ja, ich könnte den anderen aus der Welt schaffen, aber seine Würde bewahrt mich davor. Ja, ich könnte dieses oder jenes tun, aber ich will es einfach nicht. Die Erfahrung, etwas nicht zu wollen, das ich eigentlich könnte, kann schließlich Grundlage einer freien Willensbildung sein, die mich beflügelt und den entsprechenden Fähigkeiten entgegenträgt. Wer tut, was er will, und nicht nur tut, was er kann, dessen Liebe zur Tat bringt das Gute zur Welt.

Freier. Verbesserung einer guten Nachricht

Einige Jahre aufmerksamer Lektüre lassen mich vermuten, dass die ‹Grundmaxime der freien Menschen›, jene bedeutende Formulierung aus Rudolf Steiners *Philosophie der Freiheit*, in etwa der Hälfte der Fälle falsch wiedergegeben wird. Die Fehler finden sich überall – ganz gleich, ob es sich um wissenschaftliche Beiträge, journalistische Texte, Werbebroschüren oder persönliche Mitteilungen handelt. Dabei handelt es sich bei den Fehlern stets um denselben Fehler, der so unscheinbar ist, dass er auf den ersten Blick kaum auffällt. Jedenfalls scheint bezüglich jener ‹Grundmaxime› Rudolf Steiners ausgerechnet eine R/S-Schwäche vorzuliegen, die immer wieder aus einem ‹r› ein ‹s›, aus einem ‹der› ein ‹des› und aus der Wendung: «Leben in der Liebe zum Handeln und Lebenlassen im Verständnisse des fremden Wollens ist die Grundmaxime der freien Menschen» die Wendung: «Leben in der Liebe zum Handeln und Lebenlassen im Verständnisse des fremden Wollens ist die Grundmaxime des freien Menschen» werden lässt.[18]

Fällt einem der Fehler auf den ersten Blick kaum auf, so wirkt er auf den zweiten Blick umso gravierender: Denn es ist nicht nur sprachlich schöner, hier den Plural zu verwenden; es ist auch sachlich richtig, vom freien Menschen nicht im Singular, sondern von freien Menschen im Plural zu sprechen. Wer die *Philosophie der Freiheit* nicht nur als Individualphilosophie, sondern auch als Sozialphilosophie lesen will, der wird diesen Fehler unbedingt vermeiden wollen.

Freilich: In der ersten Auflage 1894 lautete die ‹Grundmaxime› noch anders als in der zweiten Auflage 1918 – doch eben jene Wendung lautete gleich. 1894 hieß es schlicht: «Leben und Lebenlassen ist die Grundmaxime der freien Menschen.»[19] Wer dieser ‹Grundmaxime› folgt, für den gibt es niemanden, der nicht frei werden könnte.

Aus dem Nichts. Eine Schöpfungsgeschichte

Wenn sich mir dank anderer eine neue Wirklichkeit erschließt, sich wirklicher Geist offenbart, dann ist das eine erschütternde Erfahrung. Sie wirkt. Nicht anders ist es, wenn ich aus dem Nichts schöpfe und sich dabei für mich und andere eine neue Wirklichkeit, wirklicher Geist offenbart. Dann gilt: Ich erfahre eine Wirklichkeit, welche sich meiner Schöpfung verdankt, sich darin allerdings nicht erschöpft. Sie ist wirklich wesentlich.

Nihilismus und Fundamentalismus bedrohen Schöpfungen aus dem Nichts. Was für den Nihilisten nicht sein kann, weil nichts sein kann, das muss für den Fundamentalisten sein, weil etwas sein muss. Doch sind Nihilisten und Fundamentalisten nicht nur Gegenspieler, sondern auch miteinander verwandt. Wer als Nihilist erfährt, dass etwas sein kann, der wandelt sich nicht selten zum Fundamentalisten, für den etwas sein muss. Und wer als Fundamentalist vergeblich Offenbarung erwartet, der erklärt nicht selten für unmöglich, was ihm nicht wirklich widerfuhr. Anders gesagt: Wenn sich Nihilisten oder Fundamentalisten eines Besseren belehren lassen, dann selten zum Guten. Das Gute ermöglichen nicht Nicht-Schöpfungen, sondern Schöpfungen aus dem Nichts.

Ich bedarf, um aus dem Nichts zu schöpfen, meiner selbst. Doch schöpfe ich mich selbst nicht anders als aus dem Nichts. Ich-Schöpfung ist Aus-dem-Nichts-

Schöpfung. Ich-Schöpfung bildet mich, ist Ich-Bildung, kein Selfie-Shooting. Wir machen heute andauernd Bilder unserer selbst, anstatt unser Selbst zu bilden. Selbstbilder sind Ich-Schatten. Selbstbildung ist Ich-Licht. Es leuchtet dem Ich des Du. Ich lichte das Nichts, wenn ich es bin, der es erhellt. Ich schöpfe aus dem Nichts, wenn es mich nicht erschöpft.

On Tour. Ein Zwischenstopp

WER HAT DIESE Worte nicht schon anderen gegenüber ausgesprochen oder zumindest sich selbst gegenüber bekannt: dass es hier, wo er gerade reise, ‹gar nicht touristisch› sei. Der Ort, an welchem es ‹gar nicht touristisch› ist, ist der Traum eines jeden Touristen. Und da die Welt heute mehr denn je aus Touristen besteht, gibt es immer mehr Orte, an denen es außer ihnen niemanden mehr gibt. Also auch nichts, woraufhin sich der Tourist so fühlen könnte, als sei es ‹gar nicht touristisch›.

Diese Situation spitzt sich dadurch zu, dass sämtliche Reiseführer den Touristen inzwischen verraten, wo es ‹gar nicht touristisch› sei – und dementsprechend touristisch ist es an besagten Orten. Doch die Sache ist noch vertrackter: Wer sagt denn, dass ein Ort, der tatsächlich ‹gar nicht touristisch› ist, nicht gerade durch meinen Auftritt ein touristischer Ort wird? Gibt es als Tourist überhaupt die Möglichkeit, den Touristenstatus abzulegen und unterwegs zuhause zu sein? Oder ist und bleibt der Tourist Gefangener seiner selbst – ein Temporärmigrant mit willkommenem Geld und verdammter Moral?

Wer als Tourist nach Orten sucht, die ‹gar nicht touristisch› sind, der wird keine finden. Denn aufgrund seiner touristischen Erscheinung wird jeder beliebige Ort touristisch. Wer sich jedoch als Tourist so verwandelt, dass er selbst ‹gar nicht touristisch› ist, der sieht die Welt mit anderen Augen. Egal wann. Egal wo. Auch inmitten von Touristen. Wenn diese Verwandlung gelingt, dann schafft der Tourismus – so Jakob Strobel y Serra – «etwas Unglaubliches, etwas Ungeheuerliches, das keiner Idee und keiner Ideologie je gelungen ist: Er macht alle Menschen zu Brüdern, zu Schwestern, zu einer Familie.»[20]

Ich meditiere nicht. Oder doch?

Während Donald Trump in seinem Tower darauf wartete, Barack Obama als US-Präsidenten abzulösen, schlenderte ich durch die Straßen von New York und blieb immer wieder vor Plakatwänden, Litfaßsäulen oder Leuchtreklamen stehen, auf denen zu lesen war: «*I meditate* …» Es handelte sich dabei um die Marketingkampagne einer Meditations-App. Glückliche Mütter, tüchtige Manager und hübsche Models vervollständigten jeweils den «*I meditate* …»-Satz, indem sie einen wissen ließen, dass sie für «*happiness*», «*business*» oder «*fitness*» meditierten. Erfolgreich. Jederzeit. Dank der App. Dieser Anblick ließ in mir einen Gegen-Satz aufsteigen, der wie auf einen solchen Anlass gewartet hatte, um endlich einmal mir selbst gegenüber klar und deutlich ausgesprochen zu werden: Ich meditiere nicht.

Jüngst fand ich auf einem Flyer eine Tagung angekündigt, welche von sich behauptete, «die anthroposophische Meditation einem breiteren Publikum zugänglich zu machen, sodass daraus für möglichst viele Menschen eine regelmäßige Meditationspraxis erwachsen kann». Ich fühlte mich ausgeladen, ja, mehr noch: abgestoßen. So geht es mir auch angesichts all der anderen Flyer, die inzwischen ganz unbescheiden damit werben, dank «anthroposophischer Meditation» Verstorbene ansprechen, Elementarwesen anrufen, Inkarnationsfolgen anschauen,

Doppelgänger durchleuchten, Engel verstehen, Christus erkennen, kleine und große Hüter kleiner und großer Schwellen befragen zu können etc. Wieder und wieder steigt in mir angesichts dieser Verheißungen der besagte Gegen-Satz auf: Ich meditiere nicht. Aber stimmt das überhaupt? Und wogegen wendet sich dieser Satz eigentlich?

Beispiel Meditations-App: Es scheint zur Dialektik der Digitalisierung, ja Industrialisierung, ja Technisierung zu gehören, dass wir uns von allerlei Gerätschaften gerade jenes Heil versprechen, zu dessen Verlust sie entscheidend beitragen. Wir wollen uns buchstäblich freikaufen, nachdem wir uns freiwillig haben gefangen nehmen lassen. Das Smartphone als digitaler Guru ist der neue Meister, von dem wir nichts mehr lernen, sondern einfach beliefert werden wollen: mit kostspieligen Zutaten für «*happiness*», «*business*» oder «*fitness*». Anstatt die Ökonomie zu spiritualisieren und an der Welt wirklich Anteil zu nehmen, ökonomisieren wir die Spiritualität und verlieren uns selbst.

Beispiel Tagungsflyer: Ist das Ziel der größten Zahl («möglichst viele Menschen») nicht wirklich kleinlich? Könnte es nicht sein, dass es ebenso wichtig ist, «anthroposophische Meditation» kennenzulernen, um zu wissen, dass man gerade so nicht meditieren sollte? Und überhaupt: Ist das nicht der völlig falsche Diskurs? Meditation als allein seligmachendes Allheilmittel für alle und alles? Meditation als Distinktionsmerkmal einer spirituell korrekten anthroposophischen Existenz? Bloß nicht! Rudolf Steiners größte Leistung scheint mir hier weniger in all den beispielhaften Übungen und überlieferten Erkenntnissen als darin zu bestehen, den Schüler zum Lehrer seiner selbst werden zu lassen und den Lehrer als Guru abzuschaffen. Ich bewundere all jene, die sich, experimentell und existenziell, dank Steiners Meditationsanregungen selbst schulen, aber ich erschrecke auch immer wieder, wenn ich Dienst-nach-Vorschrift-Denker treffe, denen ins Gesicht geschrieben steht, dass der «anthroposophische Schulungsweg», den sie gehen, nicht der ihre ist, und die auch noch andere auf diesen Weg drängen wollen.

Und ich? Meditiere ich nun? Ich würde eigentlich nicht sagen, dass ich nicht meditiere. Ich würde eher – paradoxerweise? – sagen, dass ich mich durch diese oder jene Meditation nicht vom Meditieren abhalten lasse. Ich meditiere mich. Mein Leben ist eine Meditation. Ich lerne mich dank dieser Meditation, die ich lebe, kennen. Ihr Schauplatz: die Welt (die ‹geistige› natürlich, eine andere gibt es nicht). Ihre Hauptübung: mein Schicksal (also: meine Freiheit). Ihre Folgen: meine Taten. All die

Meditationen, die ich dann und wann meditieren ‹wollte›, erwiesen sich früher oder später als ‹gewollt› (meinerseits) oder ‹gesollt› (andererseits).

Kurzum: Ich meditiere nicht Meditationen, sondern das Leben. Ich übe, spiele, forsche. Ich bin Autobiographiearbeiter. Ich absolviere meinen Lebenslauf als Langzeitstudie. Ich bin mein eigener Schüler, auf dass mich die anderen belehren. Ich bin kein Hellseher. Ich sehe hell und dunkel. Das Leben weiht mich ein, wenn ich es nicht verpasse. Am Lebensweg führt kein Erkenntnisweg vorbei.

Ich und Ich. Eine Spurensuche

ICH ERINNERE MICH noch an die Brüste und Lippen der Mutter – und daran, dass es Zeit wurde, sie zu verlassen. Ich erinnere mich auch an die ersten eigenen Schritte, hinaus in die Welt, dem Leben entgegen. Es gab nichts, was ich nicht werden wollte, und also wurde ich – nichts. Ich ließ offen, wer ich bin, wer ich werde, damit Sein und Werden sich nicht schließen, sondern immer weiter öffnen können. Ich ging Umwege, um auf den Punkt zu kommen, und ich verließ den Punkt wieder – der Wege wegen. So lernte ich mich kennen. So kam ich zu mir selbst.

Und nun? Hier bin ich. Hier stehe ich. Ich könnte anders, aber ich will es nicht. Ich interessiere mich für mich – und ich finde mich interessant. Ich interessiere mich für andere – und ich finde andere, die sich für sich selbst interessieren und sich selbst interessant finden, interessant. Ich setze mich für mich selbst ein, nicht bloß meinetwegen, sondern auch deshalb, weil ich den anderen nichts Besseres von mir geben kann als – mich. Das Ich, das ich bin. Das Ich, das ich werde. Das Ich, das einen Mittelpunkt bildet. Das Ich, das einen Umkreis schafft.

Und dann? Ich ahne bereits jetzt, dass die Zeit kommen wird, da meine größten Taten die Taten der anderen sein werden. Ich ahne bereits jetzt, dass ich dereinst nicht mehr auf dieselbe Weise Ich sein will, wie ich es einstmals werden wollte und es derzeit noch sein will.

Ich habe heute meine helle Freude an mir, und ich freue mich schon darauf, sie morgen an anderen zu haben – in einer Art und Weise, die dem Alter vorbehalten ist und auf die mich das Leben vorbereitet. Ich will jung bleiben und alt werden und Mensch sein. Ja, ich will.

Barfuß über Scherben. Rudolf Steiners Lebensgang

Wer lebt, der wandelt sich. Und wer sich wandelt, der bleibt sich treu – ansonsten gäbe es jenen, der sich wandelte, ja gar nicht. Will ich anders werden, muss ich zunächst Ich sein, denn es gibt niemanden außer mir, der mich verändern könnte.

Wer angesichts dieses intimen Zusammenhangs von Kontinuität und Wandel auf den Lebensgang Rudolf Steiners blickt, der weiß die beiden vorherrschenden Lesarten dieser Biographie begründet zurückzuweisen. Denn es ist natürlich vermessen, Steiner von Geburt an für jenen zu halten, als der er schließlich gestorben ist – ebenso wie es anmaßend ist, zu behaupten, Steiner wäre nicht als jener gestorben, als der er geboren wurde. Beide Fehllektüren eint, dass sie Steiner aus dem Blick, ja, seine Bewegung aus den Augen verlieren: einmal, weil die Biographie Steiners zum vorherbestimmten, folgerichtigen Abarbeiten einer bürokratischen Lebensakte verharmlost wird (Kontinuität ohne Wandel); einmal, weil die Biographie Steiners im wahllos-willkürlichen Durcheinander der Lebensumstände verschwindet (Wandel ohne Kontinuität). Wer auf den Lebensgang Rudolf Steiners schaut, der erkennt die Signaturen einer Biographie, die immer wieder vor dem Nichts, vor dem Scherbenhaufen des eigenen Lebens steht – und dann neue Lebenswege einschlägt. Diese sind nicht folgerichtig, weil sie nicht anders sein könnten, sondern weil Steiner sie aus dem Nichts schöpft – weil er sich immer wieder befähigt, barfuß über Scherben zu gehen.

Wer das Nichts innerhalb einer Biographie leugnet, der verneint den Wandel; und wer das Ich, das aus dem Nichts schöpft, leugnet, der verneint die Kontinuität. Die Individualität allein gebiert Kontinuität und Wandel. Das Ich, das aus dem Nichts schöpft, ist das Ich, das sich verwandelt.

Leibbildung. Ein Tätigkeitsbericht

Ich kann für oder gegen dieses oder jenes argumentieren, jedoch setze ich mich nicht für oder gegen etwas ein, wenn ich argumentiere. Der Einsatz und das Argument sind grundverschieden. Während ich argumentiere, halte ich mir das Leben vom Leibe, agiere ich ‹leibfrei›, bin ich noch nicht wirklich leibhaftig angesprochen. Ich bleibe außen vor, während die Argumente die Klingen kreuzen. Wenn ich mich jedoch für oder gegen dieses oder jenes einsetze, dann bin ich leibhaftig angesprochen. Ich setze mich dann aufs Spiel. Ich bin dann mit einer Sache verbunden, die dank mir wesentlich und, wenn ich ‹gut› bin, ‹gut› wird.

Während es Pro- und Kontra-Argumente gibt, so gibt es nur ein Ich oder kein Ich, das sich einsetzt. Der Einsatz lässt sich nur vollziehen oder verweigern. Er schafft. Er bildet. Ja, er ist leibbildend. Ich bilde meinen Leib aus, wenn ich mich leibhaftig für etwas einsetze. Ich bilde etwas aus, das sich wiederum für mich einsetzt. Denn wer setzt sich wirklich für mich ein? Mein Leib! Ich verdanke meinem Leib meine Leibhaftigkeit. Ich verdanke meinem Leib meine Wirklichkeit. Ich habe dank meines Leibes an Himmel und Erde teil.

Der spiritualistische Anti-Materialismus und der materialistische Anti-Spiritualismus bringen jeweils eine Leibfeindlichkeit mit sich, die uns ‹entleibt›. Wir sind nicht bloß Körper und nicht bloß Geist. Wir sind leibhaftig. Ich will die Leibhaftigkeit, die mir eigen ist, zur Wirklichkeit einer neuen Leiblichkeit verwandeln. Ich will meinen Leib nicht leugnen, sondern lieben. Ich will einen Leib, der mein Ich-Leib ist, bilden.

Bildungsfälschung. Eine Richtigstellung

Wir leben heute in einer Zeit, die Erwachsene nicht mehr erwachsen und Kinder nicht mehr Kinder sein lässt. Im Gegenteil: Wir behandeln Kinder inzwischen wie kleine Erwachsene und Erwachsene wie große Kinder – zulasten beider: Erwachsener und Kinder.

Wer Kinder im Kindergarten und in der Schule nicht mehr spielen und auch scheitern lässt, sondern jeden Entwicklungsschritt in eine ‹Kompetenz› übersetzt, die nicht nur gekonnt, sondern auch noch gezählt, gemessen und gewogen werden soll, der setzt an die Stelle des individuellen Bildungsweges eine abstrakte Bildungsplanwirtschaft, mit der sich viel Geld ein- und noch mehr Geist austreiben lässt. Kinder werden heute wie Konsumäffchen dressiert – als ob sie nicht selbst lernen und ihren je eigenen Bildungs-, ja Lebensweg finden könnten! ‹Lebenslanges Lernen› ist wiederum eine Phrase, mit der Erwachsene zu großen Kindern verzogen werden, die in Trainings, Workshops, Coachings etc. beispielsweise ‹soziale Kompetenzen› ausbilden sollen – als ob sich soziales Leben in asozialen Situationen simulieren ließe!

Überhaupt führen der infantile Erwachsenen- sowie der senile Kindesmissbrauch zu einer Entfremdung, ja, zu einem Wirklichkeitsverlust, indem genau das, was sich individuell entwickeln und also im besten Sinne bilden würde, der Wirklichkeit entrissen, dem Leben entfremdet wird, um schließlich als totes Hirngespinst, als anti-‹soziale Kompetenz› gelehrt und gelernt zu werden. Anstatt dass das Leben uns lehrt, wer wir sind, belehren wir das Leben mit dem Tod. Anstatt dass wir die Welt und uns selbst wirklich kennenlernen, verkennen wir die Wirklichkeit von Ich und Welt. Diese Bildungsfälschung raubt Kindern die Kindheit, Erwachsenen die Mündigkeit und dem Leben den Sinn.

Wertfrei. Eine Aufklärung

Der schottische Philosoph David Hume kritisierte im 18. Jahrhundert einen Zusammenhang, der seither als wissenschaftliche Todsünde gilt: den Sein-Sollen-Fehlschluss. Hume hatte beobachtet, dass sich in viele Abhandlungen darüber, was ist, Vorstellungen darüber, was sein sollte, einschlichen und das Urteil trübten. Humes Gesetz, dass es prinzipiell unmöglich sei, von Faktenbeschreibungen auf Werturteile zu schließen, findet seinen Widerhall noch im ‹Werturteilsstreit› deutscher Soziologen Anfang des 20. Jahrhunderts, in dessen Verlauf Max Weber entschieden für die ‹Wertfreiheit› der Wissenschaft eintrat. Für die Frage, was in der Welt der Fall sei, sei die Frage, was in der Welt der Fall sein solle, irrelevant, so Weber.

Die Forderung nach ‹wertfreier› Wissenschaft wendet sich kritisch gegen jede Form der Bestätigungsforschung. Wer eine Frage stellt, der sollte die Antwort nicht vorwegnehmen. Was bei der Diskussion um die mögliche ‹Wertfreiheit› wissenschaftlicher Antworten allerdings oftmals unterschlagen wird, ist die unmögliche ‹Wertfreiheit› wissenschaftlicher Fragen. Was ich befrage, steht mir frei. Ich kann mich von diesen oder jenen Interessen leiten lassen, doch meiner Intentionalität und damit auch meiner Moralität verdankt sich schließlich jede Frage.

Ernst-Wolfgang Böckenförde formulierte für das Rechtsleben: «Der freiheitliche, säkularisierte Staat lebt von Voraussetzungen, die er selbst nicht garantieren kann.»[21] Gleiches gilt auch für die Wissenschaft: Die ‹wertfreie› Wissenschaft lebt von der Moralität der Forscher ebenso wie der säkularisierte Staat von der der Bürger. Hier wie dort gilt: Ich bin es, der die Fragen stellt, von denen die Antworten der Welt abhängen.

Auferstehungsgeschichte. Eine Kindergeschichte

Es WAR EINMAL ein Kind, das nicht erwachsen werden wollte. «Ich will nicht groß werden», sagte sich das Kind, «denn für die Großen ist die Welt so klein.» Das Kind liebte die Größe der Welt und fand sich darin wunderbar aufgehoben. Die Großen empfand es als engstirnig und kleingeistig. Die Großen schienen ihm der Größe unfähig.

Doch das Kind bemerkte bald, dass es wuchs. Obwohl es nicht erwachsen werden wollte, wuchs es über sich hinaus. Das stimmte das Kind traurig. Doch ausgerechnet jetzt, da dem Kind aufging, dass es groß werden würde, ahnte es etwas von der Traurigkeit der Großen. Dem Kind erschien die Traurigkeit der Großen als eine Sehnsucht nach dem Kinde.

Daraufhin fasste das Kind einen Entschluss: «Ich will größer als groß werden», sagte es sich. «Ich will so groß werden, dass ich wieder Kind sein kann.» Das machte es sich zur Aufgabe. Es wählte sich selbst als seinen Zeugen, um sich erneut zu gebären. «Meine Kindheit liegt jetzt in der Zukunft», sagte sich das Kind, und begab sich schließlich dorthin auf die Reise.

Möglichkeiten sind modern. Wir haben sie heute zuhauf und mehren sie fortwährend. ‹Ich bin möglich, also bin ich›, sagt der moderne Mensch – und überlegt sich, ob er lieber so oder doch lieber anders sein will.

Das ist alles andere als selbstverständlich. In Möglichkeiten zu denken war lange Zeit ziemlich unwirklich. In der heiligen Ordnung der Götter und Berufe, in der Generationenfolge ebenso wie in der Lebensführung war über Jahrhunderte für den Einzelnen nichts anderes als Wirklichkeit zu finden: Er hatte einen Gott, einen Beruf, eine Familie – eine Wirklichkeit. Sind Möglichkeiten modern, so ist die Wirklichkeit vormodern. Sie ist die Grunderfahrung der Vormoderne und die Ausnahmeerscheinung der Moderne – ebenso wie Möglichkeiten die Ausnahmeerscheinung der Vormoderne und die Grunderfahrung der Moderne sind. In vormoderner Zeit galt das Mögliche als Verrat an der Wirklichkeit. Es gefährdete die heilige Ordnung. In *modern times* wirkt die Wirklichkeit bedrohlich: bedrohlich klar und deutlich – bedrohlich wirklich.

Möglichkeiten als Ausnahmeerscheinung der Vormoderne ließen sich auch als vormoderne Einweihung beschreiben: Wer sich mit seinen Möglichkeiten konfrontiert sah, erkannte darin ungeahnte Freiheiten. Das Leben wurde plötzlich möglich – und dadurch ganz anders wirklich. Und heute? Heute ließe sich Wirklichkeit als Ausnahmeerscheinung der Moderne dementsprechend als moderne Einweihung beschreiben: Ich verliere die Freiheit der Möglichkeiten – und gewinne die Wirklichkeit der Freiheit. ‹Ich bin wirklich, also bin ich›, sagt der moderne Mensch, der die Moderne überwindet.

Experiment und Wirklichkeit. Ein Fallbeispiel

Wenn du nicht mehr weiterweißt, gründe einen Arbeitskreis. Diese kalauerbekannte Verlegenheitslösung für alle Fälle bekommt derzeit immer wieder Konkurrenz: nämlich vom Experiment. Wenn irgendwo nicht mehr weitergewusst wird, dann sollen es neuerdings irgendwelche Experimente richten – schließlich versprechen sie nicht Arbeitskreispalaver, sondern knallharte Zahlen, Daten, Fakten. So weit jedenfalls die Fiktion.

Dass dem leider – oder vielmehr: zum Glück! – oftmals nicht so ist, offenbarte jüngst das sogenannte finnische Grundeinkommensexperiment. Insgesamt 2000 zufällig ausgewählte arbeitslose Finnen erhielten von Anfang 2017 bis Ende 2018 anstelle anderer anspruchs- und bedarfsgeprüfter Sozialleistungen monatlich 560 Euro ohne Auflagen vom Staat – mit dem Ziel, die Auswirkungen eines bedingungslosen Grundeinkommens auf Arbeitsmotivation, Gesundheit, Sozialausgaben etc. zu testen.

Alles schön und gut – nur: Was dabei getestet wurde, entspricht dem bedingungslosen Grundeinkommen gar nicht! Der individuelle Rechtsanspruch auf ein Grundeinkommen in existenzsichernder Höhe ist etwas völlig anderes, als wenigen Arbeitslosen für kurze Zeit einen Bruchteil des Existenzminimums (das in Finnland monatlich rund 1000 Euro beträgt) sanktionsfrei zu gewähren.

Diese Erkenntnis, die man bereits vor Beginn des Experiments haben konnte, bestätigen inzwischen auch die ersten Ergebnisse. Abgesehen von dieser oder jener mehr oder weniger interessanten Differenz zwischen Test- und Kontrollgruppe, ist in den Medien vor allem von «Etikettenschwindel» (Welt), «wenig schlüssigen Resultaten» (NZZ) und «sinnlos verschenktem Geld» (FAZ) die Rede. Frei nach *Faust*: Da steh' ich nun, ich armer Experimentator, und bin so klug als wie zuvor …[22]

Das Anliegen, das einen heutzutage immerzu Experimente, Experimente, Experimente fordern lässt, ist freilich ein berechtigtes, wenn nicht gar ehrenwertes: nämlich der Wunsch nach Empirie statt Ideologie. Nur ist diese Empirie gerade nicht durch theoretisch ausgeklügelte Experimente, sondern vielmehr durch eine praktische Ausbildung des Denkens und Handelns im Hier und Jetzt zu gewinnen. Die Wirklichkeit selbst ist das große Experiment, das wir andauernd wagen, nicht irgendwelche willkürlich davon abgesonderten Testläufe.

Wer auf diese Art und Weise in die Welt schaut, dem fallen zunächst die eindeutigen Ergebnisse des real existierenden deutschen Anti-Grundeinkommensexperiments Hartz IV auf: Fördern und fordern soll es – überwachen und strafen tut es. Das Existenzminimum wird minimiert statt garantiert. Armut wird produziert statt eliminiert. Grundrechte verkommen zur Verhandlungssache. In diesem schwarzpädagogischen Milieu gedeihen seit 2005 keineswegs Gesundheit und Frohsinn, sondern Angst und Schrecken.

Außerdem zeigt sich ein eklatanter Widerspruch: Warum sollten freie Bürger zwar den Anforderungen der Demokratie, nicht aber dem bedingungslosen Grundeinkommen gewachsen sein? Wer darauf setzt, dass die Demokratie eine zeitgemäße Regierungsform ist, der kann nicht im gleichen Atemzug behaupten, freie Bürger seien eigentlich böse Buben oder faule Säcke, die mit einem Grundeinkommen nicht umgehen können.

Schließlich ist die Idee des bedingungslosen Grundeinkommens kein fixfertiges Produkt, dessen Preis auf Punkt und Komma kalkuliert und dessen Leistung TÜV-geprüft zertifiziert werden könnte. Das Grundeinkommen vermag nicht mehr und nicht weniger, als wir uns darunter vorzustellen vermögen. Es ist kein Allheilmittel, keine Glückspille, keine Wunderwaffe, sondern bestenfalls eine Möglichkeit, sich darin zu üben, der eigenen Freiheit ebenso wenig im Weg zu stehen wie der der anderen.

Wer sich selbst bestimmt und mit anderen abstimmt, wer die anderen ihrer Freiheit nicht beraubt und seine eigene ergreift, der führt das bedingungslose Grundeinkommen ein. Die Wirklichkeit des Grundeinkommens kommt nicht nach seiner Einführung, sondern geht mit ihr Hand in Hand. Das ist das offenbare Grundeinkommensgeheimnis.

Anders gesagt: Die Kraft jedes äußeren Schrittes auf dem Weg der Einführung eines bedingungslosen Grundeinkommens bestimmt sich durch die Kraft der inneren Schritte, die diesen Weg überhaupt erst ebnen. Wenn ich die Bedürfnisse der anderen als meine Aufgaben ansehe und darauf vertraue, dass sich dafür stets ein Grundeinkommen findet, dann stehe ich den anderen, mir selbst und genau diesem Grundeinkommen nicht länger im Weg.

Ich allein. Was mich auszeichnet

Ich weiss nicht mehr genau, wann ich erstmals gefragt wurde, was denn nun mein Alleinstellungsmerkmal sei. Ich weiß nur noch ganz genau, dass mich diese Frage wie aus heiterem Himmel traf, dass ich sie als sehr unangemessen, ja indiskret empfand – und dass ich sie, indem ich sie falsch verstand, eigentlich richtig verstand. Denn für mich war diese Frage eine Variante von: ‹Wer bist du?›, während mein Gegenüber mich bloß fragen wollte: ‹Wie verkaufst du dich am besten?› So missverständlich, so lehrreich.

Seither bin ich immer wieder in Situationen geraten, in denen es darum ging, das Alleinstellungsmerkmal einer Sache oder gar eines Menschen zu ermitteln. Und immer wieder beschlich mich dabei das gleiche Gefühl: dass nämlich diese an und für sich sehr gehaltvolle, wesentliche Frage bloß aus profanen Verkaufsgründen gestellt und von den so Bloßgestellten bloß mit allerlei Belanglosigkeiten beantwortet wird. Dabei ist doch sonnenklar: Ich allein bin mein Alleinstellungsmerkmal! Ergo: Wenn ich etwas tue, dann sollte ich nicht darüber nachdenken müssen, wie ich es irgendwie anders als andere machen könnte, allein damit ich mich irgendwie von ihnen unterscheide, sondern ich bin dann gefragt, ob ich tatsächlich jener bin und sein will, der tut, was er tut.

Der erste Lehrsatz der Ich-Ökonomie lautet folglich: Ich allein stehe für mich ein – und ich bin darauf angewiesen, dass andere für sich allein einstehen. Denn: Wir ernähren uns künftig von Ich-Dienstleistungen, nicht von abgeschmacktem Alleinstellungsmarketing. Wer für sich allein einsteht und sich selbst bestimmt, der erweitert die Freiheit um seine Person – und dient genau damit den anderen.

Masse und Macht. Eine Kunstgeschichte

Vieles, was wir heute selbstverständlich tun, bedurfte vor noch nicht allzu langer Zeit besonderer Anstrengungen. Beispiel Film und Fotografie: Während vor 100 Jahren noch große Künstler und besondere Momente vonnöten waren, um etwas filmisch oder fotografisch festzuhalten, laufen wir dieser Tage filmdrehend und fotoschießend umher, als sei es nie anders gewesen. Die Kunst der Wenigen hat sich zur Technik der Vielen gewandelt. Fähigkeiten Einzelner sind Fertigkeiten aller geworden. Filmen und fotografieren kann heute so gut wie jeder – schon allein mit dem Smartphone.

Wenn mittels Massenproduktion technische Geräte die Bastelstuben ihrer Erfinder verlassen, dann wird dies nicht zu Unrecht als ‹Demokratisierung› gefeiert. Doch je mehr die Massenproduktion technische Geräte und Fertigkeiten ‹demokratisiert›, desto besser lässt sich erkennen, dass sich künstlerische Prozesse und Fähigkeiten gerade nicht ‹demokratisieren› lassen. Sie sind nicht massentauglich. Sie sind individuell.

Dass wir inzwischen alle filmisch und fotografisch ermächtigt sind, heißt mitnichten, dass wir alle darin gleichermaßen geübt, geschweige denn meisterhaft wären. Im Gegenteil: Wenn etwas allen zur Verfügung steht, dann ist es umso schwieriger individuell zu ergreifen und künstlerisch zu gestalten. Das gilt übrigens auch für die

Demokratie: Sie ist uns bereits so selbstverständlich geworden, dass wir längst nicht mehr bedenken, dass sie im Grunde genommen eine hohe Kunst darstellt: nämlich die Kunst, sich selbst angesichts der anderen zu spiegeln und den privaten Individualismus zu einem öffentlichen Interindividualismus zu steigern.

Entschluss. Eine Initialzündung

Wenn ich etwas tun will, muss ich mich entschließen können. Der Entschluss begründet die Tat. Doch wie bildet sich ein Entschluss? Dass ein Entschluss ‹gefasst› oder ‹gefällt› wird, deutet bereits an, dass damit eine Gewalt verbunden ist, die einer wägenden Urteilsbildung zuwiderläuft. Und doch läuft eine solche Urteilsbildung genau darauf hinaus: dass sie nicht immer weiter und weiter – gleichsam unentschlossen – fortgesetzt wird, sondern, wenn es so weit ist, durch einen Sprung, durch ein Ereignis ganz neuer, ganz eigener Art erlöst wird: durch einen Entschluss.

Entschlüsse lassen sich nicht ableiten. Sie sind Initialzündungen. Und doch lassen sie sich vorbereiten. Nur wie? Wenn ich meine, mich objektiv entschließen zu können, indem ich mich selbst von meinem Entschluss ausschließe, dann werde ich nicht entschlussfähiger, sondern entschlussunfähig. Die Objektivierung des Entschlusses ist die Abschaffung des Entschlusses. Doch auch, wenn ich mich bloß aufgrund von subjektiver Lust und Laune dazu veranlasst sehe, dieses oder jenes auszuführen, entschließe ich mich nicht. Ich falle dann nicht den objektivistischen, sondern den subjektivistischen Entschlussfeinden anheim.

Und die Entschlussfreunde? Sie heißen ‹Ich› und ‹Du›. Der Entschluss liegt zwar jenseits von Subjektivität und Objektivität, aber diesseits von Ich und Du. Ich bin aufgefordert, mich so zu entschließen, dass ich das Du in Liebe begleite. Ich bin es schließlich, der sich entschließt, wenn ich die Folgen meines Entschlusses auf mich nehme. Und ich wachse mit den Entschlüssen, die andere wachsen lassen, über mich hinaus.

Drei Freiheiten. Ein Holzschnitt

Ökonomen nehmen Präferenzen als gegeben; Soziologen untersuchen, wie sie sich bilden; Philosophen bilden sie. Was sich derart akademisch unterscheiden lässt, das lässt sich auch alltäglich beobachten: Wir nehmen Einstellungen anderer ebenso wie von uns selbst als gegeben; wir denken darüber nach, warum wir selbst oder andere dieses oder jenes so oder so sehen; wir wirken auf uns selbst sowie auf andere ein und bilden Neues aus.

Für Ökonomen besteht Freiheit darin, gemäß eigenen Präferenzen zu handeln sowie anderer Präferenzen hinzunehmen. Für Soziologen besteht Freiheit darin, die eigene Gebundenheit sowie diejenige der anderen zu durchschauen und also darüber Bescheid zu wissen, wer bzw. was uns bestimmt. Für Philosophen besteht Freiheit darin, sich selbst zu bestimmen – also sich immer wieder neu und frei für das eigene Tun und Lassen entscheiden zu können. Was hat es mit diesen drei Freiheiten in anthropologischer Hinsicht auf sich?

Die Freiheit des *homo oeconomicus* heißt anthropologisch: Ich bin ich. Du bist du. Wir leben nebeneinander, nicht miteinander. Was ich will, will ich, und was du willst, willst du. Wenn ich etwas von dir will, das du nicht willst, dann muss ich dich beeinflussen und ausnutzen. Die Freiheit des *homo sociologicus* heißt anthropologisch: Ich bin nicht nur ich. Du bist nicht nur du.

Was wir wollen, wollen wir insbesondere, weil wir mit anderen, die von uns dieses oder jenes erwarten, zusammenleben. Die Freiheit des *homo philosophicus* heißt anthropologisch: Ich bin ich und du. Du bist du und ich. Wir leben nicht nur nebeneinander und miteinander, sondern nicht zuletzt füreinander. Ich bestimmte mich selbst, wenn es mir gelingt, mich gemeinsam mit dir abzustimmen. Ich bin frei, wenn ich willens und fähig bin, dich freizulassen und von dir freigelassen zu werden.

Kein Ding. Eine Selbstbestimmung

Wenn wir uns während der Arbeit nicht als füreinander tätige Menschen begegnen, sondern uns aufgrund von Kapitalinteressen voneinander entfernen, dann spricht die marxistische Theorie von der Entfremdung der Produzenten untereinander oder von Verdinglichung. Wir verdinglichen andere, wenn wir sie als Mittel, nicht als Zweck ansehen. Wir entfremden uns, wenn wir einander nicht als Partner, sondern als Konkurrenten deuten. Die fehlende menschliche Anerkennung, die der Verdinglichung anderer zugrunde liegt, wird bis heute immer wieder kritisiert. Dabei gerät allerdings leicht außer Acht, dass wir uns nicht selten selbst missachten. Wir verdinglichen nicht nur andere, sondern gleichermaßen uns selbst.

Wer sich selbst verdinglicht, der hält sich für einen Gegenstand – für einen ganz besonderen vielleicht, jedoch für einen Gegenstand. Schon Fichte schrieb: «Die meisten Menschen würden leichter dahin zu bringen sein, sich für ein Stück Lava im Monde als für ein Ich zu halten.»[23] Diese Vorstellung ist tatsächlich weit verbreitet. Das Gegenstandsbewusstsein ist das Selbstbewusstsein der Gegenwart. Wer sich selbst verdinglicht, der hält sich für ein bestimmtes Rätsel, das bloß mangels allgemeiner Einsicht noch ungelöst ist. Es werde jedoch, sobald die Hirnforschung oder wer auch immer so weit sei, das personale Eigenschaftsbündel zu entwirren, endlich gelöst werden.

Dieses Selbstmissverständnis unterschlägt, dass ich andauernd Quelle meines eigenen Rätsels sowie dessen Lösung – kurz gesagt: dass ich ein Ich bin. Ich schaue mich an und sehe dabei den, der sich anschaut, sich anschauen. Schelling schreibt dazu: «Diese intellektuelle Anschauung tritt dann ein, wo wir für uns selbst aufhören, Objekt zu sein, wo, in sich selbst zurückgezogen, das anschauende Selbst mit dem angeschauten identisch ist.»[24] Wo wir für uns selbst aufhören, Objekt zu sein, da fangen wir für die Welt an, Ich zu werden. Und wo wir aufhören, uns selbst zu knechten, da werden wir auch andere nicht länger beherrschen wollen.

Anspruch. Eine Wirklichkeit

Ich erlebe es immer wieder: Ich sitze oder stehe einem anderen gegenüber, höre ihm zu und verstehe, was er sagt – und doch verstehe ich nicht, was er sagt, denn ich fühle mich nicht angesprochen. Ich kann seinen Worten folgen, aber nicht ihm. Ähnlich geht es mir andauernd, wenn ich andere überzeugen will: Plötzlich bemerke ich, dass die Sackgasse, in die wir geraten sind, sicher nicht dadurch zu durchbrechen ist, dass ich weiter auf den anderen einrede. Wenn überhaupt, dann besteht eine Wendemöglichkeit darin, ihn anzusprechen.

Ich fühle mich von anderen angesprochen, wenn ich das Gefühl habe, dass sie sowohl von sich als auch für mich sprechen. Wer bloß grammatisch einwandfreie Ich-Botschaften sendet, der füllt nicht selten Ego-Sprechblasen aus, die weder Ich- noch Du-Botschaften beinhalten. Dabei geht es gerade nicht darum, anderen die eigenen Befindlichkeiten aufzudrängen, sondern darum, ob die Sprache einen Raum der Ansprache öffnet, der Ich und Du sich ansprechend begegnen lässt.

Reden lassen sich vorbereiten, die Ansprache nicht. Sie adressiert andere immer höchstpersönlich, weshalb stets offenbleibt, ob sie gelingt. Das tut sie, wenn es mir gelingt, mich selbst und andere in der Sprache zum Klingen zu bringen. Ich kann noch so ansprechend sprechen: Erst wenn die Sprache ein Du berührt, das sich angesprochen fühlt, bleiben wir nicht länger in unseren Sprechblasen gefangen.

Statt eines Nachworts: Wahrheitsfindung und Willensbildung

Wenn dieser Tage über das Impfen oder den Klimawandel, über Homöopathie oder Glyphosat gestritten wird, dann wird immer wieder ungut vermischt, was aus guten Gründen fein säuberlich getrennt gehört: nämlich Wissenschaft und Politik.

Wer aufgrund wissenschaftlicher Erkenntnisse Impfungen oder Klimaschutz erzwingen bzw. Homöopathie-Erstattung oder Glyphosat-Ausbringung verbieten will, der bedient sich eines politischen Taschenspielertricks. Er beruft sich auf die Wissenschaft, deren vermeintlich eindeutigen Erkenntnisse er als gleichbedeutend mit politischen Forderungen ansieht und infolgedessen mir nichts, dir nichts exekutieren will.

Der Kategorienfehler, der diesem durchsichtigen Manöver zugrunde liegt, ist durchaus folgenschwer. Werden Wissenschaft und Politik zu einem Einheitsbrei verrührt, ist sowohl das wissenschaftliche als auch das politische Geschäft verdorben.

Wissenschaft ist darauf angewiesen, der Wahrheitsfindung dienen zu können. Wer sie stattdessen zur Mehrheitsfindung missbraucht, der sägt unweigerlich am Baum der Erkenntnis. Damit dieser wachsen und gedeihen kann, müssen Kunst und Wissenschaft, Forschung und Lehre – wie es im deutschen Grundgesetz so schön heißt – frei sein.

Das heißt allerdings nicht nur, dass die Suche nach dem besten Argument sowie die ständige Bereitschaft zur Fehlerkorrektur frei von politischer Einflussnahme vonstattengehen müssen, sondern ebenfalls, dass der jeweilige Stand der Forschung, so eindeutig er sich auch ausnehmen mag, niemals politische Entscheidungen vorwegnimmt. Dass beispielsweise menschengemachter CO_2-Ausstoß gemäß breitem Klimaforscher-Konsens die Aufheizung des Planeten vorantreibt, ist das eine. Was daraus jedoch politisch folgt, ist keinerlei alternativloser Zwangsläufigkeit unterworfen und nicht akademisch, sondern demokratisch zu entscheiden.

Womit wir bei der Aufgabe der Politik wären. Sie besteht gerade nicht in der Wahrheitsfindung, sondern in der Willensbildung. In einer freien Gesellschaft gleicher Bürger ermöglicht sie die andauernde Abstimmung öffentlicher Anliegen. Wer diese Auseinandersetzung auf Augenhöhe mit den anderen scheut und stattdessen lieber Einsichten aus dem Elfenbeinturm als höherstehende Gebote ausgibt, der betreibt letztlich eine Politik der Politikvermeidung und diskreditiert die deliberative Demokratie.

Die Popularität derartiger Politikverhunzung und Wissenschaftsverstümmelung hängt nicht zuletzt mit zwei akuten Problemen zusammen: dem Relevanzdefizit der Wissenschaft sowie dem Legitimationsdefizit der Politik.

Der drittmittelgetriebene *homo academicus* der peer-reviewten Häppchenforschung erhofft sich mittels Politisierung seines Spezialwissens, ungeahnte Relevanzressourcen zu erschließen. Nicht anders das postdemokratische *zoon politikon*, das seine Forderungen als Ergebnisse wissenschaftlicher Forschungen verkauft – in der Hoffnung, vom Objektivitätsanspruch der Wissenschaft subjektiv zu profitieren.

Tragisch ist dies insofern, als es auch den Blick darauf verstellt, wie Wissenschaft und Politik eigentlich zusammenhängen. Beide, Wissenschaft und Politik, leben von Voraussetzungen, die sie selbst nicht garantieren können: Die Wahrheitsfindung der Wissenschaft bedarf politischer Freiheit ebenso wie die politische Willensbildung wissenschaftlicher Erkenntnis. Wahrheitsfindung ohne Freiheit endet in Ideologie; Willensbildung ohne Erkenntnis in Willkürherrschaft.

Um Ideologie und Willkürherrschaft wirksam vorzubeugen, sind aufmarschierende Wissenschaftler oder dozierende Politiker freilich das Letzte, was wir brauchen. Ausgerechnet sie sind nämlich die Ersten, die Wissenschaft und Politik fatalerweise durcheinanderwerfen.

Anmerkungen

1 Peter Handke: *Kindergeschichte*, in: ders.: *Prosa 2*, Berlin 2018, S. 659–744, hier: S. 696. Ich habe dieses Handke-Zitat als «Wort der Woche» in der Weihnachtsausgabe 2018 der Wochenschrift *Das Goetheanum* präsentiert. Vgl. *Das Goetheanum*, Nr. 51–52/2018, S. 4.

2 Erich Kästner: *Über das Verbrennen von Büchern*, Zürich 2013, S. 11.

3 Ebd., S. 22.

4 Philip Kovce: *Thesen über Thesen. Sieben Sentenzen*, in: ders.: *Ich schaue in die Welt. Einsichten und Aussichten*, Dornach 2020, S. 27 f. Vgl. ebd. die folgenden Zitate.

5 Theodor Däubler: *Sang an Palermo*, in: ders.: *Hymne an Italien*, Leipzig 1919, S. 57–69, hier: S. 65.

6 Jacques Derrida: *Politik der Freundschaft*, Frankfurt am Main 2002, S. 204.

7 Franz Kafka: *Oktavheft G*, in: ders.: *Nachgelassene Schriften und Fragmente II*. Herausgegeben von Jost Schillemeit, Frankfurt am Main 1992, S. 29–78, hier: S. 48.

8 Franz Kafka: *Die Zürauer Aphorismen*. Herausgegeben und mit einem Nachwort versehen von Roberto Calasso, Frankfurt am Main 2006, S. 33.

9 Vgl. Peter Dellbrügger, Thomas Kracht, Jürgen Paul, Rudy Vandercruysse (Hrsg.): *Individualität. Festschrift zum 70. Geburtstag von Karl-Martin Dietz*, Heidelberg 2015.

10 Einen ausführlicheren Bericht erstattet Christoph Hueck: *Individualität und Wirksamkeit. 23. Rudolf-Steiner-Forschungstage in Berlin*, in: *die Drei*, Nr. 4/2016, S. 84 f.

11 Maxim Biller: *Ichzeit. Über die Epoche, in der wir schreiben*, in: *Frankfurter Allgemeine Sonntagszeitung*, Nr. 39/2011, S. 23. Wiederabgedruckt in Maxim Biller: *Wer nichts glaubt, schreibt. Essays über Deutschland und die Literatur*, Ditzingen 2020, S. 43–50, hier: S. 44.

12 Thomas Malthus, zit. n. Ilija Trojanow: *Der überflüssige Mensch*, München 2015, S. 14 f.

13 Botho Strauß: *Reform der Intelligenz*, in: *Die Zeit*, Nr. 14/2017, S. 41 f., hier: S. 42. Wiederabgedruckt in Botho Strauß: *Die Expedition zu den Wächtern und Sprengmeistern. Kritische Prosa*, Hamburg 2020, S. 271–278, hier: S. 273. Wobei es abgewandelt heißt: «‹Die Gesellschaft› war ein Spektakel des 19. und 20. Jahrhunderts. ‹Der Planet›, vorerst nur eine dramatische Skizze, rückt nun an seine Stelle.»

14 Ebd. Wiederabgedruckt fehlt der Satz.

15 Joseph Beuys, zit. n. Götz Adriani, Winfried Konnertz, Karin Thomas (Hrsg.): *Joseph Beuys*, Köln 1994, S. 125.

16 Rainald Goetz: *Wut ist Energie*, in: *Die Zeit*, Nr. 49/2012, S. 53–55, hier: S. 55.

17 Peter Handke: *Das Gewicht der Welt. Ein Journal (November 1975 – März 1977)*, in: ders.: *Journale 1*, Berlin 2018, S. 7–390, hier: S. 240.

18 Rudolf Steiner: *Die Philosophie der Freiheit*, in: ders.: *Schriften – Kritische Ausgabe. SKA 2: Philosophische Schriften. Wahrheit und Wissenschaft – Die Philosophie der Freiheit*. Herausgegeben und kommentiert von Christian Clement. Mit einem Vorwort von Eckart Förster, Stuttgart-Bad Cannstatt 2016, S. 73–260, hier: S. 186 f.

19 Ebd.

20 Jakob Strobel y Serra: *Alle Menschen werden Brüder*, in: *Frankfurter Allgemeine Zeitung*, Nr. 157/2013, S. 25.

21 Ernst-Wolfgang Böckenförde: *Die Entstehung des Staates als Vorgang der Säkularisation*, in: ders.: *Recht, Staat, Freiheit. Studien zur Rechtsphilosophie, Staatstheorie und Verfassungsgeschichte*, Frankfurt am Main 1991, S. 92–114, hier: S. 112.

22 Vgl. Johann Wolfgang Goethe: *Faust I*, Vers 358 f.

23 Johann Gottlieb Fichte: *Grundlage der gesamten Wissenschaftslehre*, in: ders.: *Sämtliche Werke. I. Abteilung, I. Band*. Herausgegeben von Immanuel Hermann Fichte, Berlin 1845, S. 85–328, hier: S. 175.

24 Friedrich Wilhelm Joseph Schelling: *Philosophische Briefe über Dogmatismus und Kritizismus*, in: ders.: *Sämtliche Werke. I. Abteilung, I. Band*. Herausgegeben von Karl Friedrich August Schelling, Stuttgart und Augsburg 1856, S. 281–341, hier: S. 319.

Textnachweise

Sämtliche 54 Texte sind zwischen 2013 und 2020 zunächst in der Wochenschrift *Das Goetheanum* erschienen. Sie wurden für die hiesige Sammlung teilweise überarbeitet.

Statt eines Vorworts: Das Goetheanum, Nr. 48/2013, S. 10 • *Glücksfall:* Nr. 12/2014, S. 3 • *Lebensraum:* Nr. 15–16/2014, S. 3 • *Das Arbeitstier:* Nr. 20/2014, S. 4 • *Interindividualismus:* Nr. 50/2014, S. 3 • *Königsnarren:* Nr. 3/2015, S. 3 • *Thesen über Thesen:* Nr. 6/2015, S. 3 • *Selbstgespräch:* Nr. 7–8/2015, S. 3 • *Vor der Freiheit:* Nr. 7–8/2015, S. 20 • *Gutdünkler:* Nr. 10/2015, S. 3 • *Individualitätsfeier:* Nr. 18/2015, S. 3 • *Mein Gehirn sagt mir nichts:* Nr. 48/2015, S. 3 • *Ich setze mich selbst:* Nr. 11/2016, S. 4 • *Wellness oder was?:* Nr. 16/2016, S. 3 • *Fest:* Nr. 19/2016, S. 3 • *Goldenes Zeitalter:* Nr. 20–21/2016, S. 3 • *Gute Idee:* Nr. 26/2016, S. 3 • *Fallen:* Nr. 29–30/2016, S. 3 • *Mein Geheimnis:* Nr. 31–32/2016, S. 3 • *Meine Wahrheit:* Nr. 33–34/2016, S. 3 • *Ichzeit:* Nr. 38/2016, S. 3 • *Wir treffen uns:* Nr. 40–41/2016, S. 3 • *Blicke:* Nr. 42/2016, S. 3 • *Widersacher:* Nr. 43/2016, S. 3 • *Gute Sache:* Nr. 46/2016, S. 3 • *Fakt:* Nr. 49/2016, S. 3 • *Stille Nacht:* Nr. 51–52/2016, S. 20 • *Aufgabe:* Nr. 7/2017, S. 3 • *Zum Vergessen:* Nr. 9/2017, S. 3 • *Anschlag:* Nr. 17/2017, S. 3 • *Mensch:* Nr. 18/2017, S. 3 • *Soziale Zukunft:* Nr. 25/2017, S. 3 • *Krieg:* Nr. 27/2017, S. 3 • *Ich über mich:* Nr. 30–31/2017, S. 3 • *Willensbildung:* Nr. 32–33/2017, S. 3 • *Freier:* Nr. 36/2017, S. 3 • *Aus dem Nichts:* Nr. 38/2017, S. 3 • *On Tour:* Nr. 39/2017, S. 3 • *Ich meditiere nicht:* Nr. 9/2018, S. 4 f. • *Ich und Ich:* Nr. 12–13/2018, S. 19 • *Barfuß über Scherben:* Nr. 20/2018, S. 11 • *Leibbildung:* Nr. 24/2018, S. 11 • *Bildungsfälschung:* Nr. 43/2018, S. 12 • *Wertfrei:* Nr. 48/2018, S. 15 • *Auf-*

erstehungsgeschichte: Nr. 3–4/2019, S. 20 • *Lebenswelten:* Nr. 5/2019, S. 11 • *Experiment und Wirklichkeit:* Nr. 8/2019, S. 4 f. • *Ich allein:* Nr. 9/2019, S. 11 • *Masse und Macht:* Nr. 14/2019, S. 11 • *Entschluss:* Nr. 20/2019, S. 15 • *Drei Freiheiten:* Nr. 37/2019, S. 15 • *Kein Ding:* Nr. 46/2019, S. 11 • *Anspruch:* Nr. 3–4/2020, S. 17 • *Statt eines Nachworts:* Nr. 21/2020, S. 15.

Zum Autor

Philip Kovce wurde 1986 in Göttingen geboren, wo er auf dem Land aufwuchs und in der Stadt zur Schule ging. Nach dem Abitur studierte er Ökonomie und Philosophie an der Universität Witten/Herdecke sowie an der Humboldt-Universität zu Berlin. Währenddessen kommentierte und rezensierte er unter anderem für die *Frankfurter Allgemeine* sowie für die *Süddeutsche Zeitung*; außerdem lektorierte er für den Suhrkamp Verlag. Später lehrte er an der Berliner Universität der Künste und derzeit forscht er am Basler Philosophicum sowie an den Universitäten Witten/Herdecke und Freiburg im Breisgau.

Philip Kovce veröffentlichte neben zahlreichen Radio-, Zeitschriften- und Buchbeiträgen bisher 16 eigene Bücher – teils als Autor (10), teils als Herausgeber (6). Sie handeln von Themen wie Freude, Freiheit, Ich-Bildung und Initialphilosophie sowie von Menschen wie Friedrich Schiller, Rudolf Steiner, Gerhard Kienle und Michael Bockemühl.

Philip Kovce ist Alumnus der Studienstiftung des deutschen Volkes sowie des Studienkollegs zu Berlin. Er gehört unter anderem dem Thinktank 30 des Club of Rome sowie dem Forschungsnetzwerk Neopolis an und wurde 2011 mit dem einmalig verliehenen Rudolf-Steiner-Preis ausgezeichnet.

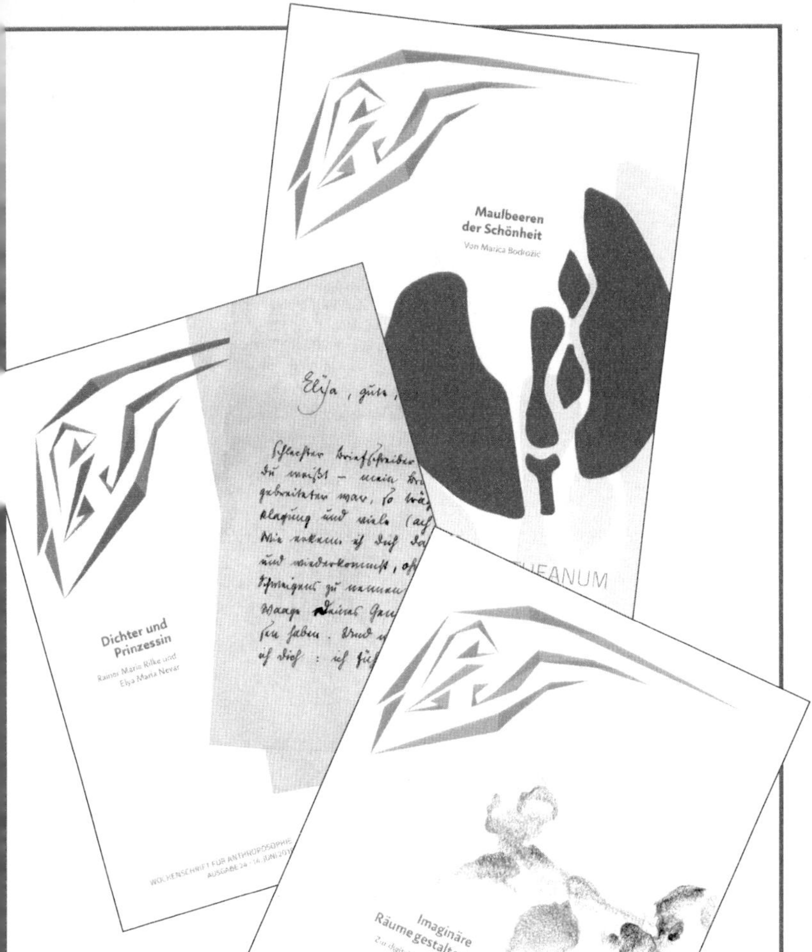

Jetzt die Wochenschrift
für Anthroposophie
kostenlos kennenlernen!

www.dasgoetheanum.com

Das Goetheanum als in der Schweiz ansässige Freie Hochschule für Geisteswissenschaft zeichnet sich durch die Verbindung von Forschung, Lehre und Praxis, individueller und gemeinschaftlicher Verantwortung, von innerer Schulung und weltweitem kosmopolitisch-sozialem Engagement aus.

Anlässlich der Corona-Pandemie wurden aus den elf Fachsektionen der Hochschule Erkenntnisansätze und Handlungsorientierungen zu einer um die geistige Dimension erweiterten Wissenschaft und Lebenspraxis zusammengetragen.

238 Seiten, kartoniert, 10 €/12 CHF, ISBN 978-3-7235-1641-6
Verlag am Goetheanum